MarkeZine BOOKS デジタル時代の実践スキル

ADKクリエイティブ・ワン
シニア・クリエイティブディレクター 中澤良直

動画広告
作成&活用

売上・ブランド価値を
高めるビジュアル手法

はじめに

　本書は、あなたが持っているスマホを使って、簡単に動画広告が打てるようにするものです。もう少し詳しくいうと、自社商品の宣伝やブランドの認知度アップについて、次の打ち手に悩んでいる個人事業主や中小企業の宣伝担当の方が、スマホ1台で簡単に動画広告の企画・作成ができるようになるということです。

　今まで自社の広告にCMという発想を持てなかった方、お金や時間をかけて広告会社にCMを作ってもらっていた方も、今やCMは、自分で作る時代。動画制作の環境は、驚くほど手軽で便利なものになりました。

　私は広告代理店に30年近く勤務して、これまでに多くのTVCMを制作してきました。Webの動画広告も黎明期より携わってきましたが、たとえば、2009年当時のホノルルマラソンのランナーインタビューの速報動画では、5人係りでビデオカメラを担いで撮影し、ホノルルの事務所に帰りPCに取り込み編集。ネット環境も悪く、YouTubeへアップロードするのが1日がかりの大仕事でした。それに比べて現代は本当に便利になりました。スマホ1台あれば、一人で簡単に会社やお店の売上げにつながる動画広告が作れるのですから。

　これからは、「個人事業主のあなた」や「企業の中の人のあなた」が、効率良く予算を使って、動画広告を打っていけるのです。大企業でなくても、あなたが持っている、価値ある商品やサービスを、伝えたい相手だけに届けて「共感」される動画広告を打つことができるのです。

　本書でお伝えする動画広告の作成で使用する基本の機材はスマホ、それだけです。まずは、あれこれ難しく考えず、カメラに向かって自己紹介を撮影してみてください。もしHPなどに挨拶文があれば、それをスマホに向かってしゃべるだけ。それだけでも動画広告が1本作れます。

　「そんな内容では、誰も見てくれないのでは」と思いますか。いいえ、いくらあなたが時間とお金をかけて工夫を凝らした動画を作ったとしても、スマホであなたの動画広告を見る相手は、そんな動画など求めていません。

大切なのは圧倒的に内容力、つまり相手が求めるのは、あなたが本当に相手に伝えたい情報の中身とわかりやすさなのです。動画広告はこだわりの1本を作るのではなく、伝えたいタイミングでスピーディに何本でも打ち出していけば良いのです。

　ただそれにはちょっとした心得とテクニックが必要です。心得とは、あなたのハートがこもったメッセージを伝えること。完走して疲れ果てたマラソンランナーの一言が大会の魅力を語る最高の宣伝になるなど、本音で語られるものには力があるものです。具体的には、本書の中で詳しく解説していきます。

　本書を読むことで、動画広告の企画の立て方から、動画の編集、Webメディアへの打ち出し方、運用とデータ分析、さらには効果的な動画広告の最適化ができるようになります。誰でも簡単に動画広告を作ることができる時代だからこそ、動画広告をYouTubeやSNSに打ち出し、自分のブランドのイメージや売上げアップを目指しましょう。

Contents | 目次

はじめに ……………………………………………………………………… 002

読者特典のご案内 ……………………………………………………………… 009

> Chapter 1

誰でも簡単にスマホで動画広告を打つことができる ……………………… 015

01 本能的に見入ってしまう誰かに話したくなるコンテンツ力 …………… 016
　　撮ったままを見せるだけで人の興味を惹き魅了できる ………………… 016

02 動画広告は効果大！始めない理由はない ……………………………… 018
　　動画だから認知度が上がる！　好感度が上がる！　売上げが上がる！ ……… 018

03 動画広告はあなたが最初に打ち出すべき広告手段 …………………… 019
　　スマホはマルチクリエイティブ装置 …………………………………… 019

04 1本の動画広告を数々のプラットフォームに配信できる ……………… 021
　　複数のメディアからの集客導線を敷くことができる ………………… 021

05 動画広告のターゲット層とその人たちの行動と傾向を知ろう ………… 023
　　ファネルを意識して広告を作成する ………………………………… 023
　　取り組むべき動画広告は大きく2つの方向 …………………………… 024

> Chapter 2

動画広告のクリエイティブは 恋愛思考で考える! 025

01 動画広告のクリエイティブと恋愛の共通点 026
　　動画広告は1対1の「恋愛」のようなもの 026

02 動画広告作りの全体像を知ろう 028
　　動画広告の作成で最も重要なのは「企画」 028

03 動画のコンテンツを企画する(相手の興味を惹くことを考える)...... 029
　　共感(愛)される企画を考える 029
　　相手はどんな状況で動画広告を見るか考える 029
　　自分の都合を優先しない 030
　　動画のクオリティの優先順位は画質が先でなくて良い 031
　　「影響より共感」「マスよりパーソナル」「モノからコトへ」......... 032

04 撮影・編集(ラブレター作り)での心構え 033
　　企画を形にする 033
　　撮影は相手(視聴者)への思いやりを持って 033
　　編集は相手(視聴者)へのサービス精神を発揮して 034

05 自社メディアの動画広告を披露する場所 035
　　動画を無料で公開できるメディアに4段階で露出する 035
　　YouTubeに自社のチャンネルを作る 036

06 SNSカテゴリー別徹底比較 038
　　アップロードする場所に合わせた動画を調整する 038
　　動画広告の配信先を正しく選択する 038
　　動画広告としてのクリエイティブ 042

07 分析する、改善する(相手の気持ちに寄り添う)......... 045
　　アクセス解析サービスを活用する 045
　　動画広告とは末永く愛されるための愛情表現 045

> Chapter **3**

動画広告の企画の作り方 ················· 047

01 広告のターゲットを決める ·· 048
　　動画広告の目的やターゲットをしっかりと決める ························ 048
　　ターゲット設定はたった一人の人を思い浮かべるだけ ················ 048
　　4つの基準からペルソナを決定する ··· 049

02 3つのFへメッセージを投げかける ··· 052
　　3つのFはあなたのコアなファン ··· 052

03 動画広告の目的は、相手にたった1つの変化をもたらすこと ········· 053
　　広告には目的となる1つだけのメッセージを入れる ··················· 053
　　目的が適切なほど広告の効果大！ ··· 054
　　変化を伝えるメッセージを含んでいる広告の例 ························ 055

04 相手を変化させる言葉を出して、選んで、コピーにする ············· 058
　　ペルソナと変化と目的が決まればコピーの方向性は決まる ········· 058
　　動画広告のコピーライティングに必要な5つのこと ··················· 058
　　コピーの具体例 ·· 060
　　広告コピーに使える心理学のテクニック ································· 061

05 相手の悩みをネーミング化で解決する ································· 065
　　商品、サービスのネーミング化は重要な要素のひとつ ··············· 065

06 キーワードを出すには検索が便利 ··· 066
　　予測候補を活用する ··· 066
　　動画広告の企画は「ストレートトーク」か「ハウツーもの」 ········· 067

07 動画広告の企画は基本2通りだけ ··· 067
　　動画広告の企画は「ストレートトーク」か「ハウツーもの」 ········· 067
　　ストレートトークで正面突破する ··· 067
　　ハウツー動画で購入の後押しをする ····································· 069

08 起承転結より結＋起承転結 ·· 070
　　動画広告はつかみが肝心 ··· 070

| 09 | シナリオを字コンテ、絵コンテにする | 072 |

ハウツー動画には字コンテがあるとうまくいく …… 072
しっかりした字コンテがあれば撮影可能 …… 072
チーム作業には絵コンテがあるとうまくいく …… 073

| 10 | 動画の鉄板フレーミングがあると便利 | 076 |

動画のイメージを継続的に形成していくフレーミングの強み …… 076
魔法の法則! サンプル探してマネる法 …… 077

| 11 | 好きな人に好かれるための見せ方を考える | 078 |

自社の動画広告をブランディングする …… 078
動画広告のブランディング …… 079
衣装には一貫性を …… 081
ロゴをアピールする …… 082

> Chapter 4

動画広告の撮影方法 …… 085

| 01 | カメラはスマホでOK! ただし手ブレはNG! | 086 |

三脚に固定して、安心して見られる映像に …… 086
手持ち撮影の場合も手ブレに細心の注意を …… 087

| 02 | 撮影カットのサイズを覚えよう | 089 |

サイズを押さえて適切なカットで撮影する …… 089

| 03 | カメラアングルによって印象は変わる | 091 |

状況に応じてカメラアングルを使い分ける …… 091

| 04 | 基本構図を覚えて動画を印象的にする | 093 |

動画の印象をガラッと変える4つの構図 …… 093
三分割の線をスマホの機能で表示して撮影する …… 094

| 05 | 被写体の左右振り分け | 096 |

画面の左右の配置 ………………………………………………………… 096

06 ディーンの法則で動画広告を演出する ………………………………… 098
画面の位置ごとに意味を持つ ……………………………………………… 098

07 動画広告は明るさが命 …………………………………………………… 099
ライティングは自然光が間接的に入ってくる場所が理想的 …………… 099
被写体の後ろが明るい、いわゆる逆光は避ける ………………………… 099
顔はもちろん、被写体を均等な明るさで撮影する ……………………… 100

08 テロップを入れることを前提に撮影する ……………………………… 101
タイトル、テロップ、終了画面を意識して撮影する …………………… 101

09 編集を前提に撮影する …………………………………………………… 102
前後3秒多めに、目につくものも撮影しておく ………………………… 102

10 自分一人での撮影では目線に注意 ……………………………………… 103
カメラレンズと目線を水平に、インカメラで撮影を …………………… 103

11 マイクを準備して動画広告の完成度を高める ………………………… 104
音声の収録はスマホにつなげられるミニマイクで ……………………… 104
収録時には周囲の音に注意 ………………………………………………… 104

12 ストレートトークでの動画撮影6つのコツ …………………………… 105
ストレートトークをする際の心構えと事前確認 ………………………… 105

> Chapter 5

動画広告の編集作法 ……………………… 107

01 スマホ編集アプリのノウハウをしっかり押さえる …………………… 108
動画編集の基本 ……………………………………………………………… 108
編集の単位 …………………………………………………………………… 108

02 使用しない部分を削除（トリミング）する …………………………… 110

動画の削除（トリミング）を覚える ……………………………… 110

03 カットを並べ替え、追加して調整する ………………………………… 112
動画の作法はカットの並べ替えや追加にあり ……………………… 112
似ているカットは錯覚を起こすので連続でつながない ……………… 112

04 テロップでメッセージを伝わりやすくする ……………………………… 114
無音でもメッセージが伝わる文字情報を ………………………… 114

05 BGMやナレーションでメッセージ性を高める ………………………… 115
音楽の力でブランドの価値を高める ……………………………… 115
著作権を侵害しないよう配慮する ………………………………… 115
ナレーションもスマホで収録 …………………………………… 116
BGMとナレーションの音量バランスを考える …………………… 116

06 カットのつなぎを装飾する効果トランジション ………………………… 117
トランジションを使ってカットのブツ切り感をなくす ………………… 117

> Chapter 6
動画広告の効果的な編集方法 …… 119

01 iPhoneで編集するならiMovieが最適 ……………………………… 120
誰でも簡単！ iMovieで動画を編集する ………………………… 120
動画の取込み ………………………………………………… 121
動画ファイルの長さを調整する …………………………………… 123
動画を縦横回転させる方法 ……………………………………… 124
カットを分割・削除する方法 ……………………………………… 125
カットの並び位置を変更する …………………………………… 126
タイムラインの表示を拡大・縮小する …………………………… 128

02 動画広告にBGMを入れて劇的な効果を演出する ……………………… 129
BGMを入れる際の基本操作 …………………………………… 129
音量を調整する方法 …………………………………………… 131

BGMをフェードアウトさせる ································· 131

03 テロップを入れてメッセージを強調する ··············· 133
テロップの入れ方 ····································· 133

04 その他の便利な iMovie の機能 ······················· 135
トランジションを入れる ······························· 135
フェードアウト機能で余韻を残す ······················· 137
動画の色や質感を変える ······························· 138
デザインテーマを変更する ····························· 139

05 タイムラインの動画を書き出す ······················· 140
動画の書き出し方 ····································· 140

06 iMovie で作った動画を YouTube にアップロードする ··········· 142
YouTube に動画をアップロードする ····················· 142
動画のアップロードの前に、見直し、修正は忘れずに！ ········· 146

07 Android 環境で使える編集ソフト ······················· 147
3つのお勧め編集ソフト ······························· 147

08 Perfect Video でより魅力的な動画広告に！ ··············· 149
動画広告としての魅力を Perfect Video でパワーアップ ········· 149
Perfect Video を使った動画の編集 ····················· 150
動画の長さを調整する ································· 151
動画のトリミング ····································· 152
テロップを入力する ··································· 154
テロップを入れる方法 ································· 155
その他の Perfect Video が持つさらなる機能 ··············· 162

010

> Chapter 7

動画広告を
さらに拡散させる方法 171

01 有料メディアで動画広告を発信し、新しい領域で顧客を作る 172
　SNSに動画広告を投稿する 172
　無料メディアと有料メディアの特徴と役割 173
　実際、いくらくらいの予算が必要なのか？ 175
　有料メディアを使って何をしたいのか？ 176
　有料メディアでの動画広告の露出場所とは？ 177

02 適切なキーワードを入れて多くの人に情報を届ける 179
　タイトル、説明、タグ付けなど詳細設定はしっかりと 179
　関連キーワードを知る方法 180
　サムネイル画像にも気を配る 182

03 YouTubeの動画広告の特徴 184
　動画広告の発信はYouTubeを軸に考える 184
　最初の3秒で興味を惹き、親近感のあるメッセージを 184
　YouTubeの動画広告を活用するメリット 185
　YouTube動画広告の費用・課金形態 185
　YouTube動画広告の入札 186
　YouTube動画広告のフォーマット 186
　動画広告キャンペーンを作成する 188
　YouTubeに動画広告を出稿する前に確認すること 189
　YouTube動画広告の出稿手順 189

04 Facebookに動画広告を出稿する 199
　Facebookの動画広告の特徴 199
　Facebookは直接アップするネイティブ動画が有利 199
　Facebook動画広告の配信場所はFacebookだけではない 200
　Facebookで動画広告を出す2つの目的 200
　Facebookの動画広告を活用するメリット 201

011

Facebookでの動画広告の効果を上げる5つのポイント ………………………… 202

Facebook動画広告の費用・課金形態 ……………………………………… 205

Facebook動画広告のフォーマット ………………………………………… 206

Facebookに動画広告を出稿する前に確認すること ……………………… 207

Facebook動画広告の出稿手順 ……………………………………………… 208

画像とテキストから自動で動画広告が作成可能に ……………………… 214

Facebook動画広告の成功事例 ……………………………………………… 214

05 Instagramに動画広告を出稿する ……………………………………………… 217

センスのいい動画広告を届けよう …………………………………………… 217

Instagramの動画広告を活用するメリット ……………………………… 217

直接ECサイトへ誘導するショッピング機能 …………………………… 218

Instagram動画広告の費用・課金形態 …………………………………… 219

Instagramの動画広告を掲載する場所 …………………………………… 220

Instagramに動画広告を掲載する3つの方法 …………………………… 221

Instagramに動画広告を出稿する前に確認すること …………………… 222

Instagram動画広告の出稿手順 …………………………………………… 223

Instagram動画広告の成功事例 …………………………………………… 229

06 Twitterに動画広告を出稿する ………………………………………………… 231

ライブ感を意識した動画を …………………………………………………… 231

Twitterの動画広告を活用するメリット ………………………………… 231

Twitter広告アカウントの開設 …………………………………………… 232

プロモビデオの設定方法 ……………………………………………………… 232

Twitter動画広告の費用・課金形態 ……………………………………… 234

Twitterに動画広告を出稿する前に確認すること ……………………… 234

Twitter動画広告の出稿手順 ……………………………………………… 235

スマホからのTwitter動画広告の出稿手順 ……………………………… 242

Twitter動画広告の成功事例 ……………………………………………… 244

07 LINEに動画広告を出稿する …………………………………………………… 246

国内最大のコミュニケーションツール …………………………………… 246

LINEの動画広告を活用するメリット …………………………………… 247

LINEに動画広告を出稿する前に確認すること ………………………… 247

LINE動画広告の成功事例 ………………………………………………… 248

> Chapter 8
知っておきたい効果測定と
改善の方法 ……………………………… 251

01 動画広告を最適化するためのポイント ……………………… 252
　動画広告の最適化とは？ ………………………………… 252
　効果測定のためのKPI ……………………………………… 252
　目的からKPIを決める …………………………………… 253
　具体的な期間と数値を決めてKPIを決める ……………… 254
　「いいね」やコメント、ターゲティングなどの設定でも最適化を …………… 254
　解析ツールを利用する …………………………………… 254
　動画広告のクリエイティブを改善する……………………… 255

02 YouTubeの動画広告を最適化するためのポイント ………………… 257
　YouTubeの動画広告を最適化する際に気を付けるべきポイント ………… 257
　①最適化を始めるタイミング ……………………………… 257
　最適化対象は「視聴率」と「広告視聴単価」…………………… 257
　②視聴率を重視した最適化………………………………… 258
　動画広告を改善する ……………………………………… 259
　ターゲティングの調整をする ……………………………… 260
　③広告視聴単価を重視した最適化 ………………………… 262
　全体を最適化する ………………………………………… 263
　スマホアプリでYouTube動画を管理できる ……………… 264

03 Facebookの動画広告を最適化するためのポイント ………………… 265
　広告マネージャでFacebook広告の結果を見る…………… 265
　今すぐの効果よりも継続的な向上を目指す ……………… 266
　Facebook広告の新指標「広告関連度診断」……………… 266

04 Instagramの動画広告を最適化するためのポイント ………………… 268
　Instagram広告の効果指標 ……………………………… 268
　ターゲット設定を見直す ………………………………… 268
　広告をチェックしてクリエイティブを改善する ………… 269

013

ターゲットの絞り込みでクリエイティブを魅力的にする 269

05 Twitterの動画広告を最適化するためのポイント 271

広告マネージャーでTwitter広告の結果を見る 271

複数の広告グループで適正化の精度を上げる 274

Index 276

読者特典のご案内

本書をご購入いただいた方に、本書で紹介した動画広告のURL一覧をご提供しています。実際の動画広告をご覧いただく際にお役立てください。なおご利用の際は会員登録（無料）が必要です。

https://www.shoeisha.co.jp/book/present/9784798158747

●注意

※会員特典データのダウンロードには、SHOEISHA iD（翔泳社が運営する無料の会員制度）への会員登録が必要です。詳しくは、Webサイトをご覧ください。

※会員特典データに関する権利は著者および株式会社翔泳社が所有しています。許可なく配布したり、Webサイトに転載することはできません。

※会員特典データの提供は予告なく終了することがあります。あらかじめご了承ください。

※会員特典データに記載されたURL等は予告なく変更される場合があります。

> Chapter

1

誰でも簡単に
スマホで動画広告を
打つことができる

動画広告は、もはや大企業だけが作れる TVCM に限らず、個人がスマホ 1 台で、撮影、編集、Web への公開、効果測定をして改善策を練るなど、本当に身近にできる広告手段となりました。動画の種類も撮ったままをどんどん見せていくものでも構いません。ただし、せっかく動画広告を作るのであれば、それがどのような可能性があるのか、どんなターゲットに打っていけば良いのかなどは知っておきたいものです。

Section **01**

本能的に見入ってしまう
誰かに話したくなるコンテンツ力

▎撮ったままを見せるだけで人の興味を惹き魅了できる

　人は、興味を抱いたものには見入ってしまう習性があるものです。一瞬で一目惚れをしてしまうとか、びっくりして目が離せないとか。たとえば、たこ焼きが出来上がるその様を、ただただ見せている動画が約770万回も再生されています（2019年7月30日現在）。これは広島県呉市の「たこ焼きコロスケ」の動画です。また、飴作りの技をひたすら見せている、愛知県名古屋市の「まいあめ工房」の動画も多くの視聴回数を獲得しています。

　何かが出来上がるというのは人の心、本能に訴える力があるのでしょう。完成に向かうその工程の中に、手さばきの見事さや、作業のリズムや音など、単純そうに見えてワクワクする要素があります。

　これらはTVCMでは訴求できない、その店ならではの取り柄や個性を打ち出した見事な広告といえます。加えて、その単純なワクワクは、誰かに教えたくなるパワーを秘めています。良いものを誰かに伝えたくなるのも人の性（さが）です。一般の生活者にとって、非日常的な工場の製造工程や伝統的な匠の技術には、動画広告としての魅力が詰まっているのかもしれません。

　あなたが動画広告を考えるときには、そんな要素が商品やサービスにないか考えてみましょう。その際、撮ったままを見せるだけで人の興味を惹き魅了する動画は、動画広告を考える上で、とても参考になるものです。

「たこ焼き屋コロスケ」の「プロが焼く、美味しいたこ焼きの焼き方。」という動画は、ノーカットでひたすらたこ焼きを焼く様子を紹介しているだけだが、多くの人に見られている
出典：https://www.youtube.com/watch?v=1aRU_YJz_go

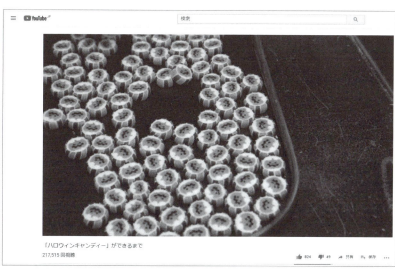

「まいあめ工房」の「『ハロウィンキャンディー』ができるまで」は、キャンディーができるまでの一連の流れを紹介している
出典：https://www.youtube.com/watch?v=xVP-uCUfu24

Section **02**

動画広告は効果大！
始めない理由はない

動画だから認知度が上がる！ 好感度が上がる！ 売上げが上がる！

　文字で、音声で、さらにはBGMも付いて訴えてくる動画広告は、バナー広告や検索広告と比べて、認知から購入に至るまですべての段階で高い効果があり、売上げに貢献します。

　電通とディーツーコミュニケーションズが共同で行った調査によると、「動画広告を見た」人は「静止画広告を見た」人よりも1.7倍も広告の内容が記憶に残っているという結果が出ています。また、広告の訴求内容も、バナー広告に比べて動画広告を見た人が2割程高く訴求内容を覚えている結果となっています。さらに、ブランドへの好感度も、動画のない広告と比べて5倍もブランドへの好感度を高める効果があることがわかっています。

　そして、動画広告を見てサイトを訪問した人の割合は、バナー広告に比べ3割以上も高く、商品購入の割合も、バナー広告に比べて動画広告のほうが2.3倍以上高いという結果が出ています。

　このように、動画広告は他の広告と比べ、受け手に与える印象が桁違いに強いです。だからこそ、自分自身で動画を作れるようになっていれば、広告を出すときの選択肢が広がり、大きな効果をもたらしてくれます。

広告の認知	内容の記憶	ブランドの好感	サイト訪問	商品購入
65%UP	20%UP	5倍	30%UP	2.3倍

出典：「動画広告のチカラ」（video-ad.net HP）をもとに作成
URL https://video-ad.net/power.html

図1-1　動画広告はWeb広告の中でもあらゆる面で効果が高い

Section **03**

動画広告はあなたが最初に打ち出すべき広告手段

スマホはマルチクリエイティブ装置

　動画広告をメディアに発信するというと、大企業が大金を出して打ち出すようなハードルの高い印象がありますが、それはまったくの間違いです。

　動画広告こそ、個人事業主や中小企業の宣伝担当者がまず検討すべき広告手段です。「でも撮影カメラが高くない？」「編集するなんていくらかかるの？」と思うかもしれません。でも、そんな心配は無用です。

　なぜなら、あなたが作る動画広告は、スマホ1台で、0円でも作れてしまうものだからです。スマホは「撮影カメラ」になり、「編集機」になり、発信する「メディア」となり、「データ分析」までできて、「お客さまとつながる」、**マルチクリエイティブ装置**です。かつては、多くの「機材」や「スタッフ」、「時間」や「資金」が必要だった動画作りが、今ではスマホ1台で簡単に実現することができる時代なのです。

　しかも、自社のサイトやSNSに発信するのであれば、広告費もかかりません。SNSに広告を出す場合でも100円〜数万円で出稿できます。あなたがスマホで作った動画を配信しても良いですし、既にHPにある動画を配信することもできます。これならTVCMよりもはるかに安く、気軽に打ち出すことができます。また、動画の効果測定も数値で確認できるので、それをもとに改善した動画を作るなど、より効果的な発信を考えていくことも可能です。

Chapter

1
2
3
4
5
6
7
8

誰でも簡単にスマホで動画広告を打つことができる

図 1-2　今はスマホ1台で動画広告が作成できる時代に！

Section **04**

1本の動画広告を数々のプラットフォームに配信できる

複数のメディアからの集客導線を敷くことができる

　動画広告は個人事業主や中小企業の方でも**複数のメディアからの集客導線を敷くことができる**有効な手段となります。1本の動画広告をもとに、YouTubeをはじめ、自社のSNS、さらには広告掲載費が必要なペイドメディアでもさまざまな展開をすることができます。

　オンラインビデオ総研の調査によると、2018年の動画広告市場は、前年比34%増の1,843億円に、スマホの動画広告市場は前年比43%増の1,563億円となり、動画市場全体の85%に達しました。全体の額は2019年に2,312億円、2022年に4,187億円、2024年には4,957億円になるといわれています。この市場は今後ますます拡大していくと予想されるので、目的ごとに複数の策を考えていく必要があります。

図1-3　1本の動画広告でさまざまなプラットフォームに出稿できる

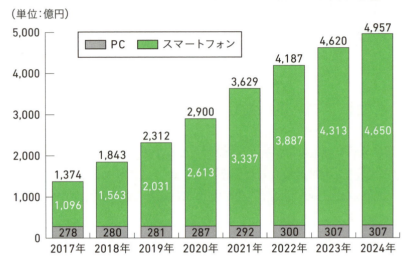

出典：株式会社サイバーエージェント「国内動画広告の市場調査」(2018)
URL https://www.cyberagent.co.jp/news/detail/id=22540

図1-4 動画広告市場は2024年に4,957億円まで拡大する予測

Section 05
動画広告のターゲット層と その人たちの行動と傾向を知ろう

ファネルを意識して広告を作成する

あなたの会社の商品やサービスに対して、「まるで恋に落ちていく」人の過程と、その人がとるであろう行動と傾向をまとめた見取り図のことをファネルといいます。ファネル（funnel）とは、漏斗という意味です。

広告作りでは、ファネルにおけるそれぞれのターゲット層に応じて、動画広告の表現を考慮する必要があるのですが、それさえ把握しておけば、見当違いのアプローチをせずに済むのです。ファネルを使ったマーケティングは、さまざまな企業が独自の理論を展開していますが、本書はできるだけ単純化して、あなたが行う動画広告ファネルを考えていきます。

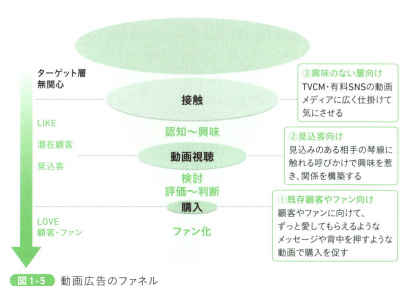

図 1-5　動画広告のファネル

取り組むべき動画広告は大きく2つの方向

　個人事業主や中小企業の方にとって、図1-5の中で意識すべき層は①と②がメインとなります。

■①既存顧客やファン向け

　既存顧客やファンへ向けた動画広告は、あなたのメッセージを好意的に受け取ってくれることを前提に作ることができます。ファンには、関連する事柄の検索や既存顧客とのつながりから訪れた人も含まれます。身近にいて親近感を持ってくれる人とさらに絆を深めるために、あなたが最初に取り組むべき動画広告です。

　これは主に、自社のHPやSNSを使って無料で発信するものになります。役立つ情報やコミュニティ情報、セール情報などを、親近感ある語りかけで定期的にアップロードして長期的な関係の構築を目指しましょう。

■②見込客向け

　見込客（潜在顧客を含む）は、あなたの会社の商品やサービスに関心を持つ可能性は高いものの、すぐには購入に至らない層です。そこで、興味喚起・理解促進のための「ハウツー動画」や「紹介動画」などをメインに、SNSに有料で積極的に打って出る動画広告を作ってみましょう。ターゲット設定もTVCMのような大衆向けではなく、しっかりと自社の目的に合った設定ができます。SEO対策も適切に行い、動画広告内に商品購入ページなどへの導線を用意しておけば、顧客獲得への一歩となります。

■③興味のない層向け

　あなたの会社の商品やサービスを知らない、または関心がない人たちを顧客として獲得したい場合は、TVCMやYouTube、SNSなど有料の広告メディアに積極的に広く配信し、存在を認知してもらうことが必要です。ただし、この層に最初から積極的に打って出る必要はありません。

> Chapter **2**

動画広告の
クリエイティブは
恋愛思考で考える！

動画広告の目的は商品やサービスを知ってもらったり、買ってもらったりするだけではありません。末永く愛してもらいお付き合いしてもらうことにあります。そう考えると、動画広告を作る姿勢は「恋愛思考」であるべきといえます。相手の好きなことは何か想像し、ラブレターを書き、告白をする。常に相手の気持ちに寄り添いながら、もっと良い関係を築いていこうとする。自社の広告を作ろうとするとき、相手のことを考えること。まずはその第一歩から、始めていきましょう。

Section **01**
動画広告のクリエイティブと恋愛の共通点

動画広告は1対1の「恋愛」のようなもの

「動画広告のクリエイティブと恋愛は似ている」と言われると、疑問に思う人も多いかもしれません。しかし、両者の間には多くの共通点があります。特に動画広告は、大衆を相手にしたTVCMと違い、個人個人を口説くことを命題とするので、より「恋愛」との共通点が強いといえるのです。

昔から、「広告コピーは相手へのラブレターだと思って書け！」とよく言われます。実際、恋愛にたとえて企画を考えると意外や意外、とても腑に落ちた企画が生まれてくるのです。

図 2-1　TVCMと動画広告の違い

そして覚えておいてほしいのは、動画広告とは、**あなたの会社の商品やブランドにまったく興味のない人たちに向けて打つCMではない**ということです。そもそも会社のHPをのぞきに来てくれる人は、その時点で既に興味を持っている人といえます。さらに、あなたが打つ動画広告は、しっかりとターゲティングして配信ができるので、広く告げる「広告」というよりも、選んで告げる「選告」や、個人に告げる「個告」と呼ぶほうが正しいかもしれません。メッセージも、「おーい！　みんなー！」「みなさーん、聞いてください！」という大勢へ向けた語りかけではなく、たった一人に「あなたのお肌の悩み解決します」とか、「3カ月後にビキニが似合う体を手に入れたいあなた！」など、より具体的に個人へ語りかけるメッセージとなります。

すなわち、「動画広告」というのは1対1の「恋愛」のようなものです。しかも相手はこちらにまったく興味のない人ではなく、好きになってもらえる可能性の高い人なのです。

さて、好きになってくれる可能性の高い人を振り向かせるのは難しいでしょうか。おそらくそんなことはありません。実際に好きになってもらってお付き合いすることも比較的簡単なのではないでしょうか。動画広告として口説くときの材料は、あなたの持つ商品やブランドです。要は、それが相手にいかに有益で貴重なものであるかを投げかければ良いのです。そうすれば、あなたは顧客にとって探していたものを与えてくれる「大好きな人！」となりやすいわけです。

Section 02
動画広告作りの全体像を知ろう

動画広告の作成で最も重要なのは「企画」

　スマホで「動画広告」を作り、お客さまからの信用を得て、売上げにつなげる。その目的のためにも、どのような手順で作業を進めるのかを把握しておきましょう。動画広告作りの大まかな流れは、「企画」→「シナリオ」→「撮影」→「編集」→「アップロード」→「効果測定」→「改善」→「新企画」の順となります。

　「企画」では、何をどのように相手に伝えるのか、そしてどんな行動を起こしてほしいのかを設計します。その「企画」に基づいて具体的な内容を絵コンテなどに書き出し、撮影に向けての「シナリオ」を構築します。

　「撮影」「編集」は、「シナリオ」に沿って進める制作作業です。「アップロード」は、HPやSNSなど、目的に応じた場所に動画を公開し、あなたのファンや潜在顧客の反応を引き出します。

　さらに動画広告の良いところは、「効果測定」ができるところです。その結果を次に作る動画広告に反映して「改善」することができます。

　このように動画広告といっても、いくつもの工程を経て完成に至ります。その中でも重要なのが企画・シナリオ構築です。相手にくれぐれも間違ったアプローチをしないよう、しっかりと時間をかけて考えましょう。なお、動画広告の企画の作り方については、Chapter 3で詳しく解説します。

図 2-2　動画広告作りの流れ

Section **03**

動画のコンテンツを企画する
（相手の興味を惹くことを考える）

共感（愛）される企画を考える

　恋愛も、広告も、まずは相手を知ることが大切です。恋愛においては、相手が興味を持っていることや悩みを見つけて、自分がそれに応えることのできるものを見せるというアプローチをすれば、意中の相手も興味を覚えるかもしれません。

　広告においても同様です。相手の心を動かすために、自分はあなたにこんなことができて、わが社の商品を購入すればこんなに良いことがあると、具体的に自社の商品やサービスの魅力を伝えるのです。そうして、はじめて相手の興味を惹くことができるのです。

　そのうえ動画広告は、ターゲットを選択してメッセージを送れるので、相手の興味のありそうな内容をぶつけて口説くことができます。これはTVCMと違ってラブレターを渡しやすい状況といえます。加えて、落としやすい相手を口説くことができるので、間違ったアプローチをしなければ、成功率は高くなるはずです。

　ただし、単にメッセージを「お知らせ」すれば良いのではなく、**「広告」として相手の「心を動かす」ことが重要**です。相手の心に変化を起こすのは、あなたならではの動画広告（愛の告白）なのです。

相手はどんな状況で動画広告を見るか考える

　テレビの視聴態度は、ソファなどにリラックスした姿勢で視聴する、「Lean Back（後ろにもたれる）」な視聴といわれ、流れてくる情報に対して

受け身の状態で受容します。一方、動画広告を視聴するPCやスマホは「Lean Forward（前のめり）」、すなわち能動的な視聴態度といわれています。

　PCやスマホのように前のめりに視聴するデバイスほど、流れてくる情報が自分に必要なものかどうかが瞬時に判断されます。不要な情報は不快度が高く、すぐにスキップ、すなわちフラれてしまいます。けれども、必要な情報として気に入ってもらえれば、その情報をより広めてくれるという特長もあります。だからこそ相手の立場になって、よく考えることが大切なのです。

図2-3　受け手の視聴態度はデバイスによって異なる

自分の都合を優先しない

　大企業などが展開する動画広告には、もともとTVCM用の動画素材に字幕を付けてWebへ転用するものが多くあります。これは大金をかけたTVCMの素材をうまく使いたいという発想です。

　しかし、これではうまくいきません。そもそもWebでの広告はTVCMとは尺の考え方が違いますし、スマホで視聴するときには画角も文字の大きさも変わってきます。

さらに、能動的な姿勢で情報を見るスマホなら、一般的なTVCMによくある起承転結の構成が最適とは限りません。TVCMでは最初にブランドの世界観をまず提示し、次にベネフィットを伝えて、商品やサービスによって起こる変化を伝え、最後に企業ロゴを見せる、といった構成が多いのですが、スマホやPCで視聴される動画広告の場合は、こんな構成ではユーザーは最後まで見てはくれません。動画広告では、スマホやPCで見る人を前提に、最初に結論から、すなわち**誰向けのどんな商品なのかをまず打ち出すこと**が重要です。

このようにもともとあるTVCMをそのまま活用したい、などのように企業の都合を優先して広告を打ち出してもうまくいきません。相手はどんなデバイスで視聴するのか、いつ、どこで視聴するのかなど、相手の立場になって考え、動画広告の内容もそれに合ったものにしてはじめてうまくいくのです。

動画のクオリティの優先順位は画質が先でなくて良い

あなたの会社やお店で動画広告を作るときには、次の3つの点に注意する必要があります。

まずは、相手にとって「**有益な情報**」であることです。問い合わせが多い内容や教えられるプロのノウハウなど、検索して見られる動画ということです。その場合、視聴者はタイトルに惹かれて見にきていることが多く、画質で選んではいません。要するに、自分の悩みが解決する内容で選ばれているのです。だから、「得した」「助かった」と思ってもらえるような、あなただからできる有益な情報を入れましょう。

そして次は、「**楽しませる映像**」であることです。文字がわかりやすく出てくるとか、あなた自身が出演して楽しいTVキャスター風に登場してみるなどです。

最後に「**きれいな画面**」です。今は、家庭用のビデオカメラでもスマホで撮っても、HDのとてもきれいな画質で撮れるので、画質をあまり心配

する必要がありません。まずは有益な情報を提供するということを心にとめて動画作りをしてみてください。

「影響より共感」「マスよりパーソナル」「モノからコトへ」

　ほんの少し前までは、企業はTV、ラジオ、新聞、雑誌とあらゆる媒体に広告を出して、広く人々の目に触れるようにしていました。しかし、SNS全盛の現代では、一人の人が接する情報量が膨大になりすぎ、個々の広告に目を向ける余裕がなくなっています。

　それだけでなく、広告は企業から顧客に一方的に届けるものではなく、消費者自身が見たいものを探して、情報を発信したり、消費者同士で情報のやりとりをしたりする環境になってきました。企業の発信に対し、消費者が発信で応えるようにさえなってきたのです。このように現代における顕著な視点は、「影響より共感」「マスよりパーソナル」「モノからコトへ」に変化したといえます。

　広告は量で影響を与えるのではなく、個人に向けた情報の質が求められています。それが「共感」の意味するところです。ただし、共感の時代だからこそ、広告を発信する側は相手におもねるのではなく、確たるコンセプトを持って発信する必要があります。ターゲットはマスではなくてあくまでも一個人。そしてその人が共感して、心を動かすコトを打ち出さなければなりません。一過性のものではなく、より良い関係を継続的に築いていく。そんな愛され続ける動画広告を目指しましょう。

Section 04

撮影・編集（ラブレター作り）での心構え

企画を形にする

　相手の心に届く企画が決まったら、次にその企画を形にします。どんな場所でどんな衣装を着て、何を言うかなどを、イメージ通りに撮影します。それが魅力的であればあるほど、相手はあなたのことが気になり、あなたとの距離が縮まります。

　動画広告では、興味のありそうな人に対して声をかけられるため、より身近で、親近感とともに信頼される表現作りが可能です。具体的なターゲットの定め方は048ページで解説するので、それを参考にあなたのことが気になっている人に向けて適切なメッセージを伝えていきましょう。

撮影は相手（視聴者）への思いやりを持って

　動画広告の撮影に使用するカメラは、身近にあるスマホのカメラです。ただし、手ブレには気を付けましょう。なぜなら、せっかくの相手への告白が気分を害するものになってしまうからです。誤字脱字だらけのラブレターをもらったら、たとえその人のことが好きであっても良い印象は抱きません。動画広告においても同様です。自分の商品やブランドのためにも、三脚に固定して撮影するようにしましょう。**見る人にストレスを抱かせないこと**は、広告として配慮する最低条件です。

　今まさに逃せない貴重な映像やタイムリーなインタビューなどの場合は、映像がブレないように意識しながらカメラを構えましょう。詳しくは、086ページで解説します。

編集は相手（視聴者）へのサービス精神を発揮して

　撮影まではできても、その先の編集となるとハードルが高いと感じる人が多いのではないでしょうか。誰でもスマホで撮影できる現代において、大半の人が動画を撮った経験はあるでしょう。けれども、編集となると未経験の人が多いのは事実です。

　だからといって肩肘を張る必要はありません。動画広告では、複雑な作業はほとんど必要ないからです。編集用のアプリを利用すれば、楽しみながら撮影した動画を簡単につないでいくことができます。あとは相手に見せるために、自分だったらどんな風に見せられたらわかりやすいか、魅力的かを考えて編集していくだけです。編集に必要なのも、相手への愛なのです。

　iPhoneやAndroidでは、アプリを使ってかなり凝った編集ができるようになっています。PCで専用ソフトを使用するなどの高度な作業は必要ありません。本書でお伝えするのは撮影してすぐにできる、スマホ編集アプリを使用しての編集方法です。詳しいやり方は、Chapter 6で解説します。

Section **05**

自社メディアの動画広告を披露する場所

動画を無料で公開できるメディアに4段階で露出する

　あなたが作る動画広告は、いくつものメディアに無料で公開することができます。露出する動画メディアは4つに分かれます。

　1つ目は、**HPやブログへの掲載**です。これはHPやブログに来てくれている人に披露するものです。

　2つ目は、**YouTubeを活用すること**です。これにより検索で発見されやすくしていきましょう。

　3つ目は、**FacebookやInstagram、Twitter、LINEなどのSNSのフォロワーに向けて公開するもの**です。HPやブログが来てくれるのを待つ受け身の公開であるのに対し、SNSへの公開は、自分の投稿が友だちのタイムラインに流れていくものなので、より積極的な公開といえます。

　最後は、**QRコードを自社のチラシやパンフレットなどに掲載すること**です。QRコードは、ネットで簡単に作ることができるので、紙媒体でも幅広く活用していきましょう。

会社やお店の
HPやブログ

YouTube

FacebookやInstagram、
Twitter、LINEなどの
SNSのフォロワー

動画のQRコードを
チラシ、雑誌、ポスター
などに掲載

図 2-4 無料で動画広告を掲載できる4つのメディア

■QRコードを作成する方法

① YouTubeなどの動画のURLをコピーします。

② Googleの検索で「QRコード」と検索すると、無料で作成できるサイトがたくさん出てくるので、その中から1つ選びます。

③ たとえば、「QRのススメ」（https://qr.quel.jp/）のページを開きます。URLの欄に動画のURLを貼り付けたあと（❶）、カラーとサイズは好みで設定し、設定が完了したら、[作成する]をクリックします（❷）。

④ 別ウィンドウで作成されたQRコードが表示されます。その画像を右クリックでライブラリに保存すれば完了です。

YouTubeに自社のチャンネルを作る

　動画広告の公開を考えるときにまず取り組みたいのが、世界一利用者の多い動画プラットフォーム**YouTubeに自社のチャンネルを作る**ことです。自社の動画広告を公開するだけなら無料なので、利用価値は高いといえます。これだけでもライバルの会社に大きく差をつけることができます。たとえば、YouTubeにアップされた「Will it Blend? - iPhone 6 Plus」という動画では、自社の主力商品である家庭用ミキサーを利用して、さまざまな

ものをミキサーにかけ粉々にしています。その動画の中で、当時新製品だったiPhone 6 Plusなどを粉砕するという斬新な破壊動画が話題になり、ミキサーの売上げが700％アップしました。日本で同じことをやったら問題になるかもしれませんが、YouTubeチャンネルを持つことの可能性を印象的に伝える例として好例です。Googleの営業のセミナーでも紹介しているもので、自社チャンネルからのビジネスの可能性をうたう代表例です。

　なお、注意したいのは、動画を置くだけで正しく運用しなければ、思うほどの効果を得られない点です。ターゲット設定やタグ付け、チャンネル登録などのアプローチは意外と簡単にできますし、改善策なども考えながら、自社に最適な訴求方法を開発しましょう。さらにFacebook、Instagram、Twitter、LINEを活用して効果的に拡散させましょう。

出典：Will it Blend? - iPhone 6 Plus
URL https://www.youtube.com/watch?v=lBUJcD6Ws6s

Section **06**

SNSカテゴリー別徹底比較

アップロードする場所に合わせた動画を調整する

　相手の興味を知り、口説く準備ができたら、いざ勝負です。TPOを考えて、出会う場所や時間など、アプローチの仕方を考えましょう。

　動画広告では、HPに来てくれる相手には積極的な長話でも良いですし、YouTubeや各SNSなど配信するプラットフォームによっては、動画の尺や表現のスタイルを覚えて最適化していくと効果的です。

動画広告の配信先を正しく選択する

　図2-5から2-8は、主要なSNSに有料で見込客向けの動画広告を打ち出すときに考慮すべき特長を示しています。動画広告の配信先を正しく選択する参考にしてください。

SNS	主なユーザー層
YouTube	• 10代〜年配まで幅広い年齢層が利用 • 動画コンテンツを視聴しにくるユーザーが対象 • 匿名利用可能
Facebook	• 30〜50代男女が主な利用者 • ビジネス関連・BtoBにも使われる • 実名利用
Instagram	• 10〜30代の女性が中心 • コスメや美容・食など流行に敏感な若い女性たち • 匿名利用可能
Twitter	• 10〜40代男女を中心に幅広い年代が利用 • 匿名利用可能

SNS	主なユーザー層
LINE	• 幅広い年齢層 • Eメールに代わる連絡手段として利用される • 匿名利用可能

図2-5 主要SNSの主なユーザー層

SNS	ターゲティング
YouTube	膨大な数の視聴者から、年齢、性別、地域、好み、キーワード、視聴端末だけでなく、曜日や時間帯なども絞ることができる
Facebook	• 一番細かくターゲティングできるSNS • 年齢、性別、地域、言語などのほか、学歴や勤務先など興味関心、行動、つながりに即してピッタリな広告アプローチができる • 項目を絞りすぎると、趣味・嗜好の登録のない人に届かない場合もあるので注意が必要
Instagram	• 基本的な機能はFacebookに準じる • カスタムオーディエンス（既存顧客）をプロモーションすることが可能
Twitter	地域、年齢、性別などの基本属性の他に、フォローしているアカウント、類似ユーザー、興味・関心、検索キーワード、エンゲージしているテレビ番組からターゲティングできる
LINE	• LINE内の行動履歴をもとにした20種類の「みなし属性」によるターゲティングが可能 • リターゲティングによって、より関心が高い広告を表示することができる

図2-6 主要SNSのターゲティング

SNS	広告の種類
YouTube	• 動画の再生前に現れ5秒後にスキップできる • 「TrueViewインストリーム広告」と6秒以下の短い動画広告「バンパー広告」が主流
Facebook	• フィードと呼ばれるタイムラインに流れる広告が主流 • 運用型の広告として動画広告を配信できる • 設定できる投稿目的として、認知、検討、コンバージョンの3方向がある • ブランドの認知度アップ、再生回数の獲得、投稿の宣伝、アプリのインストール、エンゲージメントから、購買や来店数の増加などコンバージョンを選択できる
Instagram	• フィード広告の他に、24時間で消えるストーリーズに広告展開ができる • Facebookの「広告マネージャ」や「パワーエディタ」を通して配信と管理ができる
Twitter	• お金を払っての運用型のツイート広告（プロモツイート）に動画を添付する「プロモビデオ」が基本 • 「ライブ性」というTwitterの価値と「拡散性」の高い動画広告を狙う • ユーザーのリツイートによる動画視聴は課金対象外になるので、費用対効果が高くお得
LINE	「LINE Ads Platform」でユーザーのタイムラインに動画広告を配信できる

図 2-7 主要SNSの広告の種類

SNS	広告の特徴
YouTube	• 扱うコンテンツは動画のみ • 動画視聴を目的とするので音付きで見てもらえる • YouTubeチャンネルに蓄積でき、再視聴可能 • 自社サイトに誘導できる • Googleのサービスによって多くの場所に掲載できる
Facebook	• SNSの中で最も動画機能が充実している • 動画を優先したアルゴリズムを採用しているため、動画投稿や動画広告の優位性が高い • ターゲティングによる効果的なユーザー配信が可能 • 広告の停止・再開が簡単にできる • 広告の種類が豊富なので、マーケティングファネルでいう「認知」「検討・決定」「購買」という消費行動のそれぞれに適した対策ができる
Instagram	• インスタ映えというビジュアル重視の写真や動画が並ぶ • 若い女性の利用者が多く、かわいい、きれいなものが写っている写真や動画が強い • ユーザーの興味やタイムリー性に適した投稿表示となるため、利用者に好まれる動画広告の重要性が増した • 親会社となるFacebookの管理画面から手軽に出稿ができる
Twitter	• タイムラインの投稿とともに時系列で並ぶ広告はリアルタイム性が高く、トレンド情報を伝えるのに適している • プロモツイートの返信機能でユーザーと交信もできる • #（ハッシュタグ）検索を狙った広告設定も可能 • リツイート機能により、短時間での拡散も狙える • 潜在顧客を増やしたり、短期間で多くの情報発信をしたい場合に有効
LINE	日本の人口の半数以上の利用者数を誇る

図2-8 主要SNSの広告の特徴

動画広告としてのクリエイティブ

　広告を出稿するSNSによって、動画の内容も異なってきます。SNSごとにどのような内容の動画広告にすれば良いのか見ていきましょう。

■YouTubeにおける動画広告のクリエイティブ

　YouTubeは他のSNSとは違い、デフォルト（初期設定）で音声ありの動画を再生できるという点で、動画広告と相性の良いプラットフォームといえます。そしてYouTubeの視聴者は動画を見る準備ができているため、広告ということを認識した上で見てもらえるかがポイントになります。また、YouTubeを広告展開する場合は、動画の尺やBGM、構成、視聴態度や配信時間などにも配慮して、ユーザーに呼びかけるような動画を作るように意識します。

　YouTube広告を代表するTrueView広告は、5秒以上の視聴でスキップできる仕様になっています。動画の内容としては、「どんな展開になるの？」などとオチを期待させる構成や演出が効果的です。完全視聴を前提に配信するTrueView広告は、ブランドの認知拡大という目的にとても適しています。

　6秒の動画広告バンパーは、スキップ機能がなく出稿単価も安いので、多くのユーザーに接触することができます。そのため大量配信をして大勢に認知させたいときに使用したいメディアです。短尺なので、伝える内容を1つに絞り、届けたいターゲットに強い印象付けをすることが重要です。

■Facebookにおける動画広告のクリエイティブ

　Facebookは実名登録制のSNSなので、普段の生活の延長戦上に成り立つコミュニケーションとなります。いわゆる3F（ファミリー・フレンド・フォロワー）といわれる層への波及効果が高く、自分が好きな商品がさらに便利になった、知り合いがおもしろいサービスを始めたなど、「友だちに教えたい！」と思わせる動画広告ならば、拡散＆シェアされる可能性が

非常に高くなります。

　タイムライン上では、動画は「無音」で「自動再生」されるので、**動画広告の冒頭で興味を喚起して、クリックさせる必要があります**。そのため、文字スーパーやテキストによるフォローを有効活用して注目させます。

　通常投稿の場合も広告投稿の場合も、動画尺は120分まで可能と、SNSの中では一番長い動画を配信できるので、TVCMではできない、Web限定動画や、長編のブランディング動画を作ることができます。

　動画の縦横比は16：9の横型から9：16の縦型まで対応でき、360°動画も可能です。

■Instagramにおける動画広告のクリエイティブ

　Instagramではきれい、かわいい、センスがいいなど、**視覚的な見栄え（インスタ映え）のするコンテンツ**が好まれます。理屈よりもおしゃれ、感性をくすぐることが優先する、若い女性を意識した演出が求められます。一方的な硬いお知らせでは効果は期待できません。

　いいねやコメント機能はありますがシェア機能はないので、Instagram内でユーザーの心をくぎ付けにするような演出の工夫が必要です。動画の尺は通常投稿も広告出稿の場合も最大60秒。動画の縦横比は1.91：9の横型、1：1の正方形、4：5の縦型です。その他の動画仕様はFacebook動画広告に準じます。

■Twitterにおける動画広告のクリエイティブ

　Twitterに動画広告をツイートするときには、自社や商品に興味を持ってくれているフォロワーが対象になります。したがってCMっぽさよりも、**内輪ネタや砕けた友だち関係での表現**を心がけましょう。匿名利用が可能なため、その人の趣味・嗜好性が高い反応が強く、関連したおもしろいネタや議論が起こるような内容の動画広告にすると、リツイートによる拡散が期待できます。インパクトのある内容ならば、瞬く間に数万人に見られることもあります。

また、「無音」「自動再生」のため、文字スーパーやツイートのコメントを工夫したメッセージにする必要があります。動画の尺については、通常投稿の場合は最大140秒、広告出稿の場合は最大10分です。動画の縦横比は2.39：1の横型から1：2.39の縦型まで対応できます。Twitterのユーザー心理として「役立つ情報を広めたい」という面があり、社会性を備えた動画広告も有効です。

■LINEにおける動画広告のクリエイティブ

　LINEは日本人の半数以上がユーザーで、年齢層も幅広いSNSです。ただし、LINEは1対1もしくは友人や職場など、閉じたグループでのツールとの認識が強いです。そのため、Facebookよりも「友だちや会社の人に教えたい」という欲求をあおるような表現の動画広告が効果的です。動画の尺は広告出稿の場合は60秒、16：9の横型動画のみとなります。短くておもしろい、かつ役に立つような内容を意識すると効果的です。

Section **07**

分析する、改善する
（相手の気持ちに寄り添う）

アクセス解析サービスを活用する

アップロード（告白）ができたら、次は**相手の気持ちを聞きましょう**。自分の気持ちをわかってくれる人には、自然と心惹かれるものではないでしょうか。相手に寄り添える聞き上手というのは、モテるための重要な要素です。動画広告は、アクセス数や滞留時間などの反応を分析して、さらに良いものへと改善していくことができます。つまり、効果測定を行い、その結果を見てPDCAのサイクルを回すことができるのです。

YouTubeをはじめ各SNSではアナリティクスというアクセス解析サービスがあり、さまざまなデータをとることができます。

動画広告は低コストで始められますが、本当に満足できる成果を上げるには、しっかり運用していくことが大切です。たとえば、相手の反応を見て表現を差し替えたり、コピーを改良したりするなど、常に測定値を見ながら改善策を立てていきます。相手のためにかけるこの手間ヒマがあなたの目的達成に大いに役立ちます。その思いは、次のデートを良くしていく感覚に近いです。詳しくは、Chapter 8で解説します。

動画広告とは末永く愛されるための愛情表現

広告の目的は、商品やサービスを"広める"ことだけではなく、最終的に"相手に愛される"状態にすることです。恋人のように愛し合い、信頼できる関係となれば、一生のお付き合いになるかもしれません。この点においても、動画広告と恋愛は同じだといえるでしょう。

動画広告の作成は、図2-9の流れで進めていくとうまくいきます。

図2-9　動画広告を作成するステップ

　この流れで企画を考えれば、愛される動画広告を常に作ることができるはずです。何より、企画自体にあなたの熱量が生まれ、具体的に相手への思いを想像できるようになるでしょう。次章からは具体的に動画広告の企画の作り方について見ていきます。

> Chapter

3

動画広告の
企画の作り方

「動画広告」＝「愛の告白」と解釈すれば、動画広告の企画は簡単に
考えることができます。あなたは、スマホを使って意中の相手を動画
で口説くのです。実はプロでも動画マーケティングの話はアレコレ語
れるものの、そのクリエイティブを考えられる人は意外と少ないので
す。機能的なことを理解するとともに、人の心を動かすエモーショナ
ルな表現の技術を本章で学んでいきましょう。

Section **01**

広告のターゲットを決める

動画広告の目的やターゲットをしっかりと決める

　あなたの会社やお店のHPやSNSを使って「無料」で発信できる動画広告は、HP、YouTube、Facebook、Instagram、Twitterなどに財産として蓄積していける「ストック型」の動画広告となります。これは自社保有のメディアに掲出するものなので、何度でも視聴可能な動画となります。内容はブランドの魅力や商品説明、使い方を伝えることがメインとなります。

　あなたの会社やお店の動画広告を作る上で大切なのは、その広告の目的やターゲットをしっかりと決めることです。ここで広告の打ち出し方の軸を決めておければ、次に見込客へ有料で打ち出す動画広告を考える上でも役に立つものになります。いつ、どこで、誰に、何を、どのように伝えるか、的確なメッセージを展開できるよう、しっかり考えておきましょう。

ターゲット設定はたった一人の人を思い浮かべるだけ

　広告を届けるターゲットが決められないという人が多くいます。けれども、前述のように、動画広告はあなたのお客さまになる相手への愛の告白です。

　そう考えれば、ターゲット設定は至ってシンプルです。あなたの会社の商品やサービスをほしいと思うたった一人の相手を決めれば良いだけなのです。

　そのターゲットの人物像のことを「ペルソナ」と呼びます。たった一人で良いのか、と思うかもしれませんが、いわゆるターゲット設定をF1層

（20〜34歳女性）などと、アバウトに決めてはいけません。そのような設定の仕方が向いているのは、TVCMなどのマスメディアに打つ広告の場合です。Webで公開する動画広告の場合は、ターゲットとなる人物像を限定し、よりCMの効果を期待できる相手に視聴させることができるので、ペルソナを明確にイメージして動画広告を作ることが大切になります。

あなたの会社の商品やサービスをWebで広告していくときにペルソナを明確にしておかないと、自分のターゲットに対して「どんな悩みを抱えているのか？」「どんなアプローチをすれば良いのか？」「どんなサービスを提供すれば良いのか？」といったことを導き出すことも、精査することもできません。

そうなると、見込客となる人が必要としているものがわからず、結果的に見当違いの動画広告を作ることになってしまいます。それでは売上げにつながりません。あなたの会社の商品やサービスをしっかり見込客に届けたいと思うならば、ペルソナ設定をきちんとしましょう。

４つの基準からペルソナを決定する

それでは、そのペルソナの設定はどのようにすれば良いのでしょうか。ペルソナの設定でまずすべきことは、あなたの会社の商品やサービスのお客さまになる人（好きになってくれる人）の**具体的なプロフィールの設定**です。一人の相手をしっかりとイメージできるように詳細な部分まで設定することで、その人に似ている人、近い属性の人に響くメッセージを考えることができます。

そのときに、「好きな人」を想定するとわかりやすいのですが、あなたの会社の商品やサービスが、自分から見て「年齢」や「文化的」に異なる場合は、自分の親や親友などの身近な大切な人を想定して考えてみてください。

具体的にどんな項目を決めていくかというと、目安として次の４つの設定基準で考えてみるとわかりやすいです。

■人物像
　氏名、年齢、性別、居住地、恋人や配偶者の有無、家族構成、学歴、仕事、役職、勤続年数、転職回数、収入、生活パターン（通勤時間、就寝時間、食事時間）といったあなたの理想とする一人を導き出すための分析です。具体的にその人は、1日どんなライフスタイルなのか、いつネットにつながっているのかなども考えます。

■価値観（価値背景）
　仕事、お金、職場やプライベートでの人間関係、健康、趣味、流行に対して、どのような価値観を持っているのか想像してみます。

■感情
　その人物が抱いている悩みや課題、根本にある原因や願望についてです。根本にある原因とは、その悩みの本質のことです。たとえば、「太っている」ことが悩みという人であれば、「食べすぎ」「運動不足」「ストレス」などが原因であると推測できます。このようにその人物がそう考える根本の原因も予測します。また願望については、その人物が理想とする未来を考えてみましょう。

■言葉
　その人物がどんな言葉に反応するのかということです。ネットを見たときに、つい目をとめてしまうフレーズ、単語、そのような言葉を探ります。関心のありそうなフレーズを考えてみましょう。

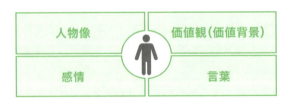

図3-1　ペルソナを決める4つの基準

では、実際にペルソナを考えてみましょう。対象とする商品は、「肌トラブルに悩む人向けの、100%無添加スキンケアオイル」です。先ほどの4つの基準から考えた具体的なペルソナが図3-2になります。

人物像			価値観(価値背景)	
氏　名：青木彩	勤続年数：5年		仕　事：OL	
年　齢：30歳	転職回数：1回		お　金：貯金200万円	
性　別：女性	収　入：360万円		良いもの買い派	
居住地：船橋市	通勤時間：1時間		人間関係：親友3人	
恋　人：有	就寝時間：6時間		健　康：肌荒れ、乾燥肌に悩んでいる	
家族構成：	ネット利用：		趣　味：ナチュラルショップ巡り	
4人(両親と妹)	朝夕通勤時と		価値観：きれいでいたい。	
学　歴：四大卒	就寝前		自分に合ったものを選びたい	
仕　事：金融				

感情	言葉(関心のありそうなフレーズ)
・肌荒れ、乾燥肌に悩んでいる ・自分に合うスキンケア製品が見つからなくて困っている ・多くの商品を試したが、肌トラブルになったり、しっくりくるものがない ・できるだけナチュラルな製品が見つかればいいなと思っている	・天然資材 ・オールナチュラル ・敏感肌 ・肌トラブル ・化学物質を使わない ・100%無添加 ・未精製 ・ヴァージンオイル ・伝統医療 ・新規性ある名称

図3-2　ペルソナ設定の例

このようにできるだけ細かい部分まで設定しましょう。あなたの会社の商品やサービスを利用してくれるお客さまを、アレコレ振り返り想像してみてください。少し面倒くさいと思っても、そうやって理想の人物像が見えてくると、その人の気持ちがより深く理解できるようになり、自分が何を伝えるべきかが整理できるようになります。

Section 02

3つのFへメッセージを投げかける

3つのFはあなたのコアなファン

　動画広告を自社のYouTubeやSNSに打ち出すときにはターゲットであるペルソナを決めて訴求することをお伝えしました。この基本を押さえたら、次のステップとして、ファンの中でも**3つのF**（Family＜家族＞、Friend＜友人＞、Follower＜フォロワー＞）へのメッセージを気にしましょう。多くのお店や会社からの発信は、社内の友人や知人、フォロワーのSNSの投稿から知られていきます。ということは、「組織」より「個人」、「売る」より「関係性」、「仕事」より「楽しさ」が動画広告のキーワードになります。

　家族や友人、フォロワーという3つのFに対して、好ましい内容であることが重要な理由は、その人たちはあなたの情報を惜しげもなく宣伝してくれるコアファンであるからです。今、あなたの会社やお店の情報はその人たちのSNSで語られていますか。もし語られていないようなら、今すぐ3つのFへメッセージを投げかけましょう。コアなファンにメッセージが届かないようでは、どんなに宣伝しても売上げが上がらないことになりかねません。コアターゲットである3つのFをしっかりと動かしましょう。

図3-3　3つのFの関係図

Section **03**

動画広告の目的は、相手にたった1つの変化をもたらすこと

広告には目的となる1つだけのメッセージを入れる

　動画広告を作る際には、**何を目的とした広告なのかを明確にしましょう。**大切なのは、Aという考えを持った相手（ターゲット）をBという新しい価値観に変えさせることです。動画広告を見て、「どう感じるか」「どう変化するか」を考え、その理想を目的として表現を考えるのです。

　ここで大事なのは、アレコレと言いたいことを詰め込みすぎないことです。**何が言いたいのか明快に伝わる「1つだけの変化」をもたらすことが、**成功のカギです。

　目的が決まれば、それを達成するための表現が見えてきます。では、どのように目的を見つけるのか、ペルソナの状況をもとにそれを考えます。

　たとえば、あなたからAさんへ「交際」を申し込むとします。このとき、ペルソナであるAさんの状況によって、次のように告白の内容は変わってきます。

①**Aさんはあなたのライバルと交際している**

　→**別れさせるだけの魅力を伝える告白**

②**Aさんはあなたの名前すら知らない**

　→**怖がらせない真摯な告白**

③**Aさんはあなたのことが気になっていた**

　→**自分の魅力をしっかり伝える告白**

④**Aさんはあなたのファンである**

　→**すぐにでも交際してもらうための告白**

053

⑤Ａさんは恋愛に対して価値を感じていない
　→恋愛が持つ幸せを語る告白

　上記の場合にもたらされる変化とは、愛の告白に対する「YES」ですが、ペルソナの状況によって「目的」が変わり、その目的が「表現」すべきことを生み出してくれるのです。それを明確にできると、あなたの作る動画広告は、より効果のあるものになります。

目的が適切なほど広告の効果大！

　ここからは、あなたは広告主の立場ではなく、伝えたい商品やサービスがお客さまにとってどんな変化を起こすことができるのか、広告のクリエイターとしてお客さまの頭の中をよく考えてみましょう。

　たとえば、「調味料」の動画広告を作るとします。その調味料の表現を作る前に、「料理下手なお母さんに喜ばれる調味料になる」という目的を決めたとします。そうすると、その調味料は、料理が下手なお母さんでもおいしい料理が作れる。下手→上手という変化を生むものになります。

変化：「料理下手」→「料理上手」
目的：「料理下手なお母さんに喜ばれる」

　すると、喜んで食べる子どもたちというキャラクターが浮かんできたり、音楽やコピー、言葉遣いも、「料理下手なお母さんに喜ばれる」という目的からいろいろとアイデアが生まれてくるのです。

　この目的の発見は、とても大切です。これがターゲットに適合し、魅力的であればあるほど、動画広告は効果を生むものになるからです。

　広告主でもあるあなたは、商品やサービスのことは知り尽くしているかもしれません。しかし、広告を作るときに目的を見つけずに、ネーミングが伝われば良いとか、商品の説明だけを「目的」としてはいけません。料

理下手なお母さんの思いは、子どもが「おいしい」と言ってご飯を食べてくれることなのですから、これを無視してはどんな広告を作ってもその効果は期待できません。

目的を発見することは、動画広告のクオリティの7割を占めるといえます。あなたの会社の商品やサービスを、あなたのお客さまへ結びつけてくれる、羅針盤となる目的をしっかり考えていきましょう。

変化を伝えるメッセージを含んでいる広告の例

繰り返しになりますが、印象に残る動画広告は、ターゲットに変化をしっかり伝えることができるものです。変化とは、AをBに変えること、目的を発見して、そこに連れていくことです。

世の中にある多くの広告が、この変化を伝えるメッセージを含んでいます。では、その例を見ていきましょう。

● 例1：スポーツジム

目的は、「やせる」「体力をつける」「健康になる」「楽しむ」「筋トレ」などいろいろ考えられますが、若い女性の新入会者がターゲットならば、その人の心の声は、「今はぽっちゃり体型だけれど、好きな人ができた。その彼に振り向いてほしいから、ダイエットを始めたい。いいジムがあれば行こうかな」といったところではないでしょうか。

このコンセプトに基づいていると思われるのが「RIZAP」の動画です。内容は、ぽっちゃりとはいえない、鏡もちボディの女性がやせて「かわいい」と言われたいという目的から、変身してスリムになる。使用前・使用後を見せる動画です。A→Bへという結果が一目瞭然な納得感のある実証広告です。

「RIZAP」の広告
URL https://www.youtube.com/watch?v=aW83ZELMtvQ

- 例2：ホテル

　目的は、「旅行」「ハネムーン」「出張」「ひとり旅」などさまざまですが、インバウンドなど訪日外国人や女性ビジネスマンにも気軽に泊まってもらいたいと考えているとしたら、「高級ホテルは高いし、カプセルホテルは怖い。女性の私でも泊まりやすい、リーズナブルで贅沢感のあるビジネスホテルはないかしら」などの声があるのではないでしょうか。

　このコンセプトに近いと考えられるのが「ファーストキャビン」の動画です。内容は、地上でファーストクラスのフライト気分を味わえるような新スタイルのカプセルホテルを見せていきます。女性を登場させ、室内の仕様やアメニティなどを見せつつ、ホテルへの意識改革となる動画広告となっています。

「ファーストキャビン」の広告
URL https://www.youtube.com/watch?v=Wc-Ad-SrcTM

● 例3：英会話教室

　目的は、「ビジネス会話」「試験合格」「海外留学」などが考えられますが、日常の英会話が目的なら、「普通の英会話教室ではなく、自分の趣味や好きなことを通して楽しく英語を話せるようになれないかしら」といった声があるのではないでしょうか。

　このコンセプトに基づいていると推察されるのが、「AK-English」の動画です。内容は、YouTubeチャンネルでの英会話動画で、学ぶのではなく楽しく話すという英会話習得の極意を教えてくれます。視聴者に自然体のストレートトークで語りかける動画をシリーズ展開しています。なかには視聴回数が100万回を超えるものもあります。

超短期間で上達した英語勉強法！(AK inカナダ | AK-English)の動画
URL https://youtu.be/SNwMMEGMnGA

Section **04**

相手を変化させる言葉を
出して、選んで、コピーにする

ペルソナと変化と目的が決まればコピーの方向性は決まる

　キラリと光るコピーは生活や人生を変える影響力があります。動画広告のコピーもポスターや新聞広告と同様に重要な要素です。「そうだ、京都に行こう」「すぐおいしい、すごくおいしい」など印象的なTVCMには印象的なコピーが付いていることからもわかるでしょう。

　ただし、動画広告のコピーは、大衆向けではなく、あなただけを振り向かせるためのコピーとなります。その人の立場になって考えてみましょう。そうすると、その人の悩みを解決する言葉がいくつか生まれてくるのです。それをできるだけ何通りも書き出します。その中から一番ふさわしい言葉を選ぶのです。

動画広告のコピーライティングに必要な5つのこと

　動画広告のコピーを考える際には、次の5つの事柄に気を付けることが必要です。

①相手（ペルソナ）の心の声「解決したい悩み」をリストにする
　自身の商品やブランドを念頭に置きながら、お客さまの悩みを言葉にしてみます。何より、相手（お客さま）になりきり、「やりたいけどやれない、でもやりたい」という悩みを言葉にしてみます。

058

②相手（ペルソナ）の悩みに「応える言葉」を書き出してみる

　自身の商品やサービスが、お客さまの悩みにどう応えられるか言葉にしてみます。不安が安心、不満が満足、不便が便利、不快が快適、不都合が好都合になるように、解消する言葉を考えます。このとき選ぶ言葉は、「○○できる」など、ポジティブなものにします。

③その答えとなる言葉を1つ選び「的確なコピー」へと磨いてみる

　聞き覚えのある平凡な言葉は排除。新しさやワクワクする言葉を優先して選びます。

④相手（ペルソナ）の視聴態度・気持ちの流れを的確に読み取る

　視聴時の意識や認識は、見るWebメディアや時間帯で変わります。そこでの思考、理解、感情を、どう動かし変化させるコピーが作れるかを考えます。

⑤相手（ペルソナ）との関係性が強い場合は専門用語もあり

　専門用語や身内ならではの言葉のほうが効果があります。

図3-4　動画広告のコピーを考える上でのポイント

コピーの具体例

　例をもとに具体的に考えてみます。取り上げるのは、スポーツクラブの動画広告のコピーです。

①相手（ペルソナ）の心の声「解決したい悩み」をリストにする
　「やせたい」「かわいくなりたい」「カッコいい服を着たい」「モテたい」「夏に水着を着たい」etc.

②相手（ペルソナ）の悩みに「応える言葉」を書き出してみる
　「1カ月で−6kgやせられる」「専属トレーナー付きで安心」「やせて彼ができる」「夏までにくびれを作る」「リバウンドしない」etc.

③その応えとなる言葉を1つ選び「的確なコピー」へと磨いてみる
　「モテるカラダ作り」→「やせて、モテるカラダが手に入る」
　「夏までにウエストを絞る」→「やせて、目標のかわいい服を着る」

④相手（ペルソナ）の視聴態度・気持ちの流れを的確に読み取る
　「就寝前」「一人」「スマホで」「好きな人を思うとき」「未来の幸せを考える」「好きな人に告白されたい」「モテるカラダが手に入る」→「やせて、『かわいい』と言われたい」

⑤相手（ペルソナ）との関係性が強い場合は専門用語もあり
　「全額返金保証！」「専属トレーナー指導無料！」「セルライト解消」「筋膜リリース」etc.

　このようにたった一人の相手に向けてその人を振り向かせるためのコピーを考えていきましょう。

広告コピーに使える心理学のテクニック

　優れたコピーを考えつくには、ある程度の経験が必要になってきます。しかし、このあと述べるさまざま心理学の考え方を押さえておけば、コピーの精度を上げることができます。詳しく見ていきましょう。

■カクテルパーティ効果

　見る人をつかみでゲットする手法です。街中の喧騒の中でも自分の名前を呼ばれると振り返ってしまったり、パーティ会場の騒がしい中でも二人の会話が成立したりするのは、自分に関係のある事柄だけを選択して聞きとっているからです。

　この効果を広告コピーに応用することができます。たとえば、「1カ月後、確実に6kgやせたいあなた！」「クリスマスを一人で過ごす人へ一言」というコピーを付けるとします。相手はWeb上で多くの情報を目にしていますが、こうしたコピーを目にすると「あ、私に話しかけてきた！」と、目にとめることができます。特にSNS向けの動画広告では、明確なターゲット設定ができるので、最初にはっきりとこうしたコピーを打ち出すようにしましょう。

■バンドワゴン効果

　バンドワゴンとはパレードの先頭にいる楽隊車のことで、大勢に人気があるものに惹かれる、思わず行列に並んでしまう心理です。飲食店なら行列に並ぶ人たちの姿や、多数の笑顔の写真を見せるなどが代表的なやり方です。周囲が「認めている」という実績を示すことにより、自分も信じて大丈夫だという安心感を持ち、商品の購入を検討してくれやすくなります。「100万個完売！」と販売数を挙げたり、「残り10室！　週末は見学会へ」とカウントダウンで人気のマンションをアピールしたりするなど、人気を演出する手法も覚えておきましょう。

■ハロー効果

　「東大出身」「アカデミー賞8部門ノミネート！」など、対象を評価する
ときに、最初に与えられた情報に影響され、実態を知る前にそれに対する
評価が上がる効果のことです。ハローは後光という意味です。したがって、
「○○医大△△教授監修のダイエットサプリ」「ファイナンシャルプラン
ナーが教える月収3倍増の方法！」など、パッと見でいかに良い印象を与
えるかがポイントになります。

■フォールス・コンセンサス効果

　多くの人が自分と同じ意見や行動をするだろうと考える心理のことで
す。契約や購入を決めるタイミングで躊躇している相手に、その商品を買っ
たお客さまの満足の声などを紹介すると効果があります。たとえば、「買う
べきか悩んでいましたが、買って正解！　毎日使っているうちにどんどん
効果を感じてきました！」「少し高いなと思ったけれど、それ以上の効果が
ありました！　もうこれ以外考えられません！」という声があると、「そう
なんだ、やっぱり効果あるんだね！」と購入してしまいます。他人の声に
同調して、自分の正しさを確信してしまうのです。

■ハード・トゥ・ゲット・テクニック

　ハード・トゥ・ゲットとは、入手困難なものという意味です。人は特別
扱いされることが大好きです。「この広告を見たあなただけに教えます」「い
つもご愛用いただいているあなただから」と言われることで、「私にとっ
て、あなたは特別な存在だ」「あなただけに使ってほしい」と、相手の深層
心理をくすぐり、信頼感や好意を得ることができます。

■スノッブ効果

　そんなにほしくないものでも「残り○点！」と言われると、人は希少な
ものに価値を感じてしまう心理です。この心理を利用して、「今なら先着
50名さまに初回限定CDプレゼント」「タイムセール終了まで残り1時間20

分！」といったコピーを付けると効果があります。

■シャルパンティエ効果

　これは人間の錯覚による心理効果のことです。たとえば、「15kgの鉄」と「15kgのダンボール」では、15kgの鉄のほうが重い気がしませんか。

　これは、広告コピーにも活用することができます。たとえば、「100名さまに5％値引き！」よりも「100名のうち5人に無料クーポンが当たる！」のほうがお得な気がしませんか。また、「ビタミンC2000mm配合」よりも「レモン1000個分のビタミン」と言われたほうがビタミンが多く含まれているように感じると思います。このように、数値で表す場合、パターンを比較してみて理解しやすいものを基準にコピーを考えてみましょう。

■カリギュラ効果

　「絶対に中を見ないでください！」と言われたら、どう思いますか。禁止されるとついやってみたくなるのが、カリギュラ効果です。雑誌の袋とじもこの効果のひとつです。「スマートな人は絶対に買わないでください」「栃木県で本気で働く気のない人は応募しないでください」などと、あえて禁止して、ハードルを高くすることで興味をそそり、信頼感の獲得につなげるのです。

■ツァイガルニク効果

　テレビ番組を見ていて、ちょうどおもしろい場面でCMになること、よくありますよね。このように未完な状態で、先が気になってしまう効果のことをツァイガルニク効果といいます。「この続きはココをクリック！」「まだ安くなる！　あなたの保険は毎月いくらになる？」といったように、動画広告の中でも最後のひと押しの言葉に使えます。

■認知的不協和

　矛盾する2つを並べることで、なぜそうなるのかが気になってしまうこ

とを狙った手法です。たとえば、「売上げを上げたければ、営業はしない！」「お金を貯めたいなら、給料は全額使え」といった具合です。自分の考えが正しくないと否定された（ストレス状態）ことにより、そのストレスを緩和させるべく、提案内容を受け入れやすくなります。

　コピーに活用できる心理学はまだまだあります。しかし、コピーを考える際に忘れてはいけないことは、想定した相手に適した言葉を使うことです。具体的には、①ひらがな、カタカナ、漢字、ローマ字をバランス良く、読みやすく並べる、②簡潔で一瞬で読める文字数でまとめる、③業界の専門用語は使わない（ただし、ニッチなターゲット層や緊密な相手に向けてならば使用可）といったことがポイントになります。

Section 05
相手の悩みをネーミング化で解決する

商品、サービスのネーミング化は重要な要素のひとつ

　お客さまが求める商品やサービスを瞬時に伝えられる要素のひとつとしてネーミングが挙げられます。文字で見て、聞いて、口に出して強いネーミングは、大きな売上げに貢献するものです。たとえば、当初伸び悩んでいた「モイスチャーティシュ」という商品は、「鼻セレブ」と商品名を変えたところ、なんと売上げが激増しました。また、「お〜いお茶」も、元の名前はシンプルに「煎茶」でした。

　意味を感じ、端的に親近感を醸し出すなど、ネーミングにはコピーの重要要素が詰まっています。商品やサービスも一工夫すると、グッとコミュニケーションしやすくなり、売上げアップにつながるかもしれません。

　このことは、動画広告にも当てはまります。たとえば、大和ハウスの動画広告では、「家事シェアハウス」というネーミングによって家族が気付かずにいた家事を「家族ゴト」と考えて自然に「シェア」できる環境が生まれた話をしています。家事は分担するのではなく、丸ごとみんなでシェアするもの。それを「家事シェアハウス」というネーミングとともに商品化して、家族のより良い生活動線や家具の配置などの設計を再構築。ネーミングのチカラで商品力が生まれ、販売につながる広告展開をしています。

大和ハウス「家事シェアハウス−名もなき家事のお悩みを解決する家−」では、「家事シェアハウス」というネーミングにより、サービスの良さを瞬時に伝えている
URL https://www.daiwahouse.co.jp/jutaku/lifestyle/kajishare/

Section 06

キーワードを出すには
検索が便利

予測候補を活用する

目的やコンセプトが絞られてきたら、コピーを作る語彙を増やすために
キーワードを出していきます。すぐにもコピーを作りたい衝動に駆られま
すが、ここは我慢です。勘や何となく思いついたもので作るよりも、まず
はボキャブラリーを増やしましょう。キーワード出し＝愛の言葉探しです。

コツとしては、起こしたい変化となる「訴求ワード」から言葉を出して
いきます。たとえば、「調味料」で訴求ワードが「料理下手を上手に」な
ら、「料理下手を上手に」……おいしくなる、うれしい、秘伝、笑顔など、
あらゆるキーワードを出していきます。さらにそのひとつひとつから連想
されるものを出していきたいのですが、自分の頭の中だけでは限界があり
ます。

そんなときはネット検索の予測候補を使いましょう。たとえばネットで
「料理下手を上手に」と検索すると、「料理下手克服」「料理レシピ」「料理
上手になりたい一人暮らし」など、たくさんのキーワード（ユーザー検索
が多いキーワード）が出てきます。これらの言葉を見ていくと新たなキー
ワードのヒントが得られることがあります。これは、ネーミングをすると
きにも有効ですし、キーワードから新しい切り口が見つかることもあるの
です。

Section 07
動画広告の企画は 基本2通りだけ

動画広告の企画は「ストレートトーク」か「ハウツーもの」

HPを訪れる人は興味を持った既存顧客やファン層ですし、YouTubeやSNSに出す動画広告も、ターゲティングが精緻化されるようになっています。したがって、動画広告は自社の商品やブランドに関心のある人向けに作っても問題ありません。そこで効果的なのが、プライベートに話しかけるような「ストレートトーク」や、丁寧でわかりやすい解説をする「ハウツー」ものの動画広告です。これが売上げに貢献する一番の表現方法となります。

動画広告と比較して、TVCMは多くの場合、どんな人が見ても楽しめるようなコンテンツを作ります。極論ですがWebの場合、もともと関心のある人に見てもらえるので、TVCMのような過剰なインパクトやエンターテインメント性はかえって邪魔になることが多いのです。

ストレートトークで正面突破する

ストレートトークとは、**視聴者に直接語りかけるシンプルでオーソドックスな手法**です。愛の告白でも、修飾しすぎて好きか、嫌いかわかりにくいよりも、「好きです」とストレートに言われると、結果はともかく正直な気持ちが伝わります。

正面突破する潔さがこの広告の姿勢となるので、取りあえず話を聞いてあげよう、という気持ちにさせれば成功です。ましてや、相手が少しでも好意を持ってくれているペルソナならば、その人の悩みを解決する話をス

トレートに伝えるのは有効なものです。たとえば、エレクトロラックス・ジャパン株式会社の「オシャレ着洗い My gentle wash」の動画広告では、「オシャレ着って自分では洗えないと思っていませんか？」という質問からストレートトークのCMが始まり、ウール、カシミヤなどをコインランドリーで簡単に洗濯・乾燥できる方法を教えてくれます。これは同時にハウツー動画でもあります。

このようにシンプルな設定にカメラ目線で友人に語りかけるようにするのがこの動画広告の基本ですが、対話型にしたり、ニュースのように伝えたり、独白型、説明型など、見る相手の心理を考えて、ストレートトークを試してみることもお勧めします。

エレクトロラックス・ジャパン株式会社「オシャレ着洗い My gentle wash」
URL https://www.youtube.com/watch?v=Ay2FXGfxw8o

> **Point**
> **ストレートトークが有効なとき**
> - ペルソナに向けて商品の目的が明快なとき
> - 他社と比べて優れていて、その自信を明示したいとき
> - 短期決戦、すぐに訴求したいとき

ハウツー動画で購入の後押しをする

商品やサービスの使い方やコツを伝えるのがハウツー動画です。取扱説明書の解説と比べて、細かいニュアンスや複雑な情報もわかりやすく伝えられます。たとえば、HYPONeX JAPAN「おいしいきゅうりの育て方 〜仕立て方篇〜」では、おいしいきゅうりの育て方のコツや、栽培における「仕立て方」について解説しています。

スマホの普及もあり、取扱説明書の代わりにハウツー動画を用意する企業が増えています。新商品の認知獲得や購入の後押しにも機能するため、その利用価値はますます高まるばかりです。

HYPONeX JAPAN「おいしいきゅうりの育て方 〜仕立て方篇〜」
URL https://www.youtube.com/watch?v=jWowgr3duT4

> **! Point**
>
> **ハウツー動画が有効なとき**
> - 写真や文字だけでは伝わりにくいとき
> - 細かいニュアンスを伝えたいとき
> - 購入段階の見込客の購入後の不安を減らしたいとき
> - 購入意欲を高めたいとき

Section 08
起承転結より
結＋起承転結

動画広告はつかみが肝心

Webを見る人は、前のめりに状態を探すせっかちな状態です。自分に関心のあるものには目をとめますが、関係ないとみると一瞬でスルーされてしまいます。したがって、動画広告はつかみが肝心です。普通、シナリオを考えるときには「起承転結」の順で考えるものですが、結果を早く知りたい人に応えるために、「結＋起承転結」でシナリオを組み立てることをお勧めします。

具体的に考えてみましょう。たとえば、次のような動画広告があったとします。

> 起 これはやせるために必要な酵素と90種類の栄養素を含むサプリメントです。
>
> 承 空腹感を抑える成分○○が入っているのでお腹が空いてもイライラしません。
>
> 転 実は、このサプリはシェイプアップを目指す男性に人気なのです。
>
> 結 このサプリメント1日1粒でウエスト平均−7cmを実現しました。お買い求めはこちらから！

TVCMでは、このように順序立たせたいわゆる「起承転結」のストーリーで見せる手法が一般的です。すなわち、

070

起……物語のオープニングとして前提を説明する（なぜこのサプリメントは良いのか）

承……事象が起こる（なぜサプリメントは良いのか・実績）

転……その事象や問題が解決する・転機を迎える（誰にお勧めなのか）

結……その結果がどうなるか（このサプリメントを買う理由）

それぞれこんな意味を持っています。

しかしながら、Webでの動画広告の場合、視聴者はとにかくせっかちなので、手っ取り早く結果を教えてほしいという人がほとんどです。したがって、この内容だとつかみから専門的な説明で話し始めているので、その時点で視聴者の興味を惹かないと、その先どんなに役に立つことを話しても最後まで見てくれません。

この動画広告で一番お客さまが知りたいことは、自分にとって得になること、「ウエスト平均−7cmの実現」なのです。そのため、動画広告では、次のように「結＋起承転結」で組み立てます。

㊒ 1日1粒、ウエスト平均−7cmを実現！

㊗ これはやせる酵素と90種類の栄養素を含んだサプリメントです。

㊝ 空腹を抑える○○成分も入り、楽にダイエットを達成できます。

㊞ 実は、忙しい男性に人気のシェイプアップ対策サプリなんです！

㊒ このサプリメント1日1粒でウエスト平均−7cmを実現。未来のモテ男さん！ お買い求めはこちらから！

いかがでしょう。このようにつかみで結論を話せば、相手は自分の悩みが解決した姿を想像できます。難しい前提よりも、興味をくすぐれば説明はいくらでも聞いてもらえます。まずは興味を失わせないこと。そのためには結論から話しましょう。視聴後も興味を失わせないために、最後にあなたらしいオチを付けるのも忘れないようにしましょう。

Section **09**

シナリオを字コンテ、絵コンテにする

ハウツー動画には字コンテがあるとうまくいく

　スマホで作る動画広告のすべてに、台本を絵にした絵コンテが必要とは限りません。なぜなら、TVCMのように大勢のスタッフの意思疎通が必要なわけではなく、個人レベルからフレキシブルにどんどん動画広告を制作していくスタイルだからです。ただし、ストレートトークであれば、できるだけ自然にカメラ目線で語りかける必要があるので、ナレーション原稿はしっかり用意する必要があります。ハウツー動画であれば、どこで何を説明するのかの字コンテを用意しておくと失敗を少なくできます。

しっかりした字コンテがあれば撮影可能

　字コンテとは文字通り、撮影する台本を文字で説明したものです。最初のカットから時系列に設定や状況、セリフを書き示したもので、ストレートトークなどナレーションを主体とした動画に有効です。当然文字だけなので、絵で見る情報よりも不明確な点はあります。しかし、スマホで作る動画広告の場合、手軽に撮影できる利点を活かすべきなので、個人で撮影方針が決まっている場合は、字コンテがしっかりできていれば十分といえます。

1. 登場感ある効果音に軽やかなBGMが流れます。

   男性の大きなお腹のイメージカットにタイトルが出ます。

   ウエスト平均−7cmを実現！　1日1粒サプリメント！

2. 商品が並ぶテーブルを前に女性が笑顔で話し始めます。

   「○○は、やせる酵素と90種類の栄養素を含んでいるので、仕事中や食事制限中にも空腹感を抑え、ストレスフリーでダイエットを達成できます」

   セリフに合わせて、コメントのテロップが画面下に出ます（以降のカットも）。

3. 女性の指さしたスペースに酵素と主要栄養素の名称が並びます。

   「実は、このサプリはシェイプアップを目指す男性に人気なのです」

4. 商品のアップ

   「このサプリメント1日1粒で、ウエスト平均−7cmを実現！」

5. 商品を手にした女性が結びの一言で購入を促します。

   「未来のモテ男さん！　お買い求めはこちらから！」

図 3-5　字コンテの例

チーム作業には絵コンテがあるとうまくいく

　絵コンテは、スマホで作る動画広告では、必ずしも必要ではありませんが、複数人でのチーム編成で撮影を行う場合には、**共通の理解のために用意しておくと**、スムーズな進行ができます。うまい絵は必要はなく、簡単なラフスケッチで構いません。理解できることを優先にします。

図 3-6　絵コンテは簡略化したものでOK

図 3-7　コンテに必要な項目

ト書き	タイトル	セリフ

男性の大きな
お腹のイメージ

タイトルが決まる

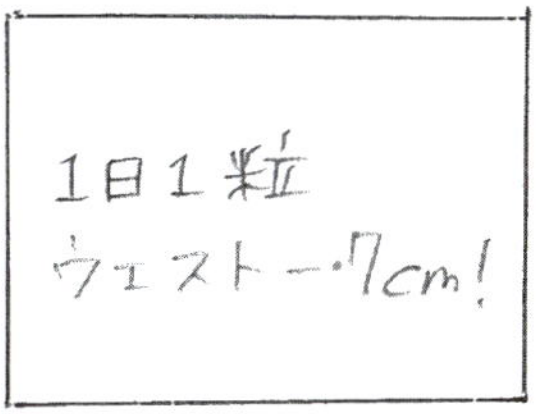

登場感のある効果音
軽やかなBGM

商品が並ぶテーブルを前に
女性が話し始めます

女性
「〇〇は、やせる酵素と90種類の
栄養素を含んでいるので、
仕事中や食事制限中にも
空腹感を抑え、ストレスフリーで
ダイエットを達成できます」

酵素と主要栄養素の
名称が並ぶ

女性
「実は、男性からの
お申込みがとても多い
シェイプアップサプリなんです」

商品のアップ

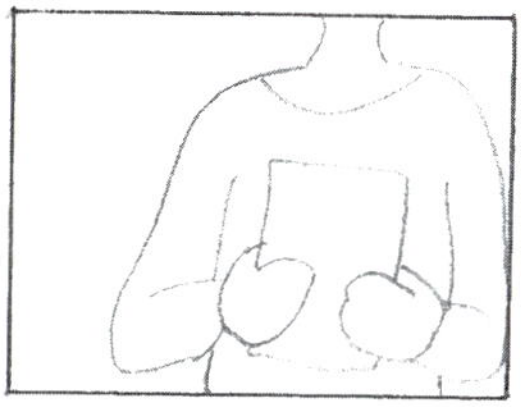

女性
「このサプリメント
1日1粒でウエスト平均ー7cmを
実現」

商品を手に笑顔の女性

「未来のモテ男さん！
お買い求めはこちらから！」

図3-8 絵コンテの例

Section 10
動画の鉄板フレーミングが あると便利

動画のイメージを継続的に形成していくフレーミングの強み

　TVCMで成功しているCMは、登場人物の設定やキャラクター付け、広告表現のパターンを統一した形で打ち出すことで、商品やサービスのイメージを視聴者に認識しやすくしています。Webでの動画広告においても、さまざまな工夫をしてイメージをフレーミング化（確立した枠組み）している例が見られます。

　継続的に愛着を持って親しんでもらうための自社ならではのフレーミングを持っていると、動画広告の強みになります。その方法はさまざまありますが、わかりやすい事例から、動画広告の鉄板フレーミングを紹介します。

■キャラクター化する

　古くは「文明堂の踊るくま」、最近では「楽天パンダ」や「auの三太郎」も有効なキャラクターといえますが、目的にかなったキャラクターを作ると親近感や注目率の高い動画広告が生まれます。

　このとき重要なのは、無名キャラクターとして起用するため、認知度が上がるまで継続していくことです。商品や企業の顔として人格化して育てていくことが必要になります。なぜそのキャラクターなのかを視聴者にアピールし、また少し人間臭い弱点などもあると、長く愛されるキャラクターになっていきます。たとえば、次ページのTVマスクのマークさんも、会社員なので顔が出せないという弱点から生まれたキャラクターです。

動画集客の新常識をつくる【スマート動画】
URL https://www.youtube.com/watch?v=n6tQ6pKslMw&list=PLAMtDllcBiPaKea2Bqxvzq54p1liHcPYd

魔法の法則！サンプル探してマネる法

たとえば社員採用動画で、公務員採用をマネた飲食チェーンの採用動画では、「主人公の物語」→「途中でインタビュー」→「主人公の物語」という構成になっているCMがあります。構成は一緒でも描く業界が違うと印象は違い、良いCMが出来上がります。

マネるといっても世の中のCMは、良い意味でオマージュとしてマネる事例が多いです。「猫がしゃべるCM」→「白い犬がしゃべるCM」、薬のCMの終わりに「ピンポン！」というなど、マネる鉄板事例はたくさんあります。

徳島県職員採用PV「戦う公務員」
URL https://youtu.be/dLgNRdL2kQQ

エムティーグループ採用動画
URL https://youtu.be/ELYjqT4ogS4

Section 11

好きな人に好かれるための見せ方を考える

自社の動画広告をブランディングする

　どんなに学歴があり頭脳明晰な人だったとしても、優しさや思いやりがなかったり、言葉遣いや発言自体がわかりにくかったりすれば、誰からも相手にされないのではないでしょうか。あなたは、自身の商品やサービスの内容を、誰よりも詳しく説明できるかもしれませんが、その紹介の仕方によっては、相手の反応は大きく違うものになります。

　したがって、あなたの動画広告でのコミュニケーションにおいても、自分のブランドが伝わるための価値作りをしっかりと押さえておく必要があります。

　ブランドを形作るものに、「機能的価値」と「情緒的価値」という2つの価値があります。機能的価値とは、商品やサービスの性能、品質、利用用途など、機能的にいえる価値のことです。それに対して情緒的価値とは、商品やサービスのデザインや個性、実感、体験のことです。

　一見すると機能的価値が重要に思えますが、いくら機能的価値が優れていても、それだけでは人の心を動かすことはできません。人が何かに魅力を感じるときには、付き合うと気分が良くなれるとか、ワクワクする感情がわいてくるなど、情緒に訴える価値が伴ってはじめて人の心は動くものです。両者がバランス良く作用することが重要なのです。なお、性能や品質については広告を発信するときにはもう変更できませんが、情緒的価値は動画広告を発信する際に、狙うべきペルソナや目的に合わせて作ることができます。

　それでは、動画広告を作る上で必要なブランディング要素を見ていきましょう。

```
    ┌─────────────┐   ┌─────────────┐
    │  機能的価値  │   │  情緒的価値  │
    │  性能　品質  │   │ デザイン　個性 │
    │   利用用途   │   │  実感　体験  │
    └─────────────┘   └─────────────┘
```

図 3-9 機能的価値と情緒的価値のバランスをとることが重要

動画広告のブランディング

　動画広告のブランディングを考える上で、いくつかの重要な要素があります。それぞれについて詳しく見ていきましょう。

■デザインを考える

　相手（ペルソナ）から見て、あなた（ブランド）がどう見えるかを考えましょう。たとえば、デートに行くとして、フレンチレストランにサンダル履きで行かないでしょうし、遊園地にタキシードやドレスを着て行きませんよね。あなたは振り向かせたい相手が好むであろう見栄えを考えて、衣装や行動を考えるはずです。認知心理学では、人は物事にはじめて触れたとき、最初の0.2秒で直感的な取捨選択を行い、次の0.2秒で合理的な取捨選択をするといわれています。つまり、はじめの0.2秒の「直感的な取捨選択」で生き残らなければ、あなたのブランドは相手の選択から外れることになります。

　動画広告では最初の3秒で心をつかめといわれますが、好きか嫌いかなどの判断は、もっと瞬時に行われています。ただし、あなたのブランドのデザインが、狙った相手の感性に合うものであれば、相手はあなたのブランドから「喜び」を感じ、長く愛してくれるようになるはずです。身近な例でいうと、人気のYouTuberやテレビ番組も視聴者が喜ぶブランディングをしています。動画広告も、あなたのブランドが瞬時に好かれるように、ロゴやカラー、衣装などのブランドデザインを決めておきましょう。

■カラーを決める

　YouTubeなら赤、Googleならば青など、多くの企業では、ブランドカラーを決めています。これは自社の業態を連想しやすくするとともに、ライバルになる他ブランドとの差別化にもなります。あなたの動画広告も、あなたのブランドだとパッとイメージされるようにブランドカラーを決めておきましょう。

図3-10　優れたブランドにはイメージカラーがある

■表情・話し方に配慮する

　出演者の表情や話し方は、あなたの動画広告の評価に大きく影響するものです。スマートボディを実現してくれるフィットネスジムなら「さわやか」な表情や語り口になるはずですし、法律事務所の動画広告であれば、落ち着いた「信頼感ある」表情や話し方になるはずです。好きな相手に喜びを伝えるように、普段よりも15%ほど明るく話すことを心がけましょう。

衣装には一貫性を

目的や口説きたい相手（ペルソナ）にふさわしい衣装を心がけましょう。ブランドカラーを意識した服装やシンボリックなユニホームにするなど、動画広告は**一貫性のある見え方**を意識することが重要です。

医療系なら白衣　　スポーツ系ならトレーニングウェア　　弁護士ならスーツ

図 3-11　衣装には一貫性を持たせる

■ポーズで愛着を作る

TVの情報番組などには、よく決めゼリフとともに**決めポーズ**があるものです。また印象的な動画の出演者も、うまく決めポーズを使っています。たとえば、朝の子供番組のあいさつで、「おっはー！」と両手を開いてポーズをしたり、かぜ薬のCMでは、「ピンポン！」といって指を立てて見せるなど、おなじみの決めポーズがあるものです。

ちょっとした仕草のアクセントで相手に愛着を持たれたり、気持ち良い締めくくりにも使えたりするので、あなたの目的に合ったポーズを開発してみましょう。親近感を演出する愛されポーズ、ぜひ考えてみてください。

ロゴをアピールする

　大企業はもちろん、中小企業や個人経営の店舗でも、**ロゴマーク**があるはずです。あなたのブランドの象徴となるものなので、そのシンボルは動画広告の表現の中でもしっかりとアピールしましょう。店舗やHP、印刷物にも連動するものなので、確実に露出させます。もしロゴがないならば、その動画広告で考えた目的やペルソナから、ふさわしいロゴを作ることをお勧めします。最初はフォントを選択してカラーを決めるだけでも、何もないよりは効果があるはずです。

　ロゴを効果的にアピールするためには、商品に印刷されているロゴや店舗のロゴなどをズームアップして大きく映したり、ショップなどの看板としてロゴを使っている場合は、この看板を映すだけでもアピールできます。

　また、ロゴを使って視聴者に強い印象を残すこともできます。たとえば福岡県大川市は、職人の手作りによる大川家具が有名ですが、この「大川家具」のロゴを使い、ロゴモーションと呼ばれるロゴが動く様子を動画で紹介しています。ロゴそのものを動画広告にしてしまったもので、視聴者に強烈な印象を残すことに成功しています。

　なお、自社でロゴマークを作成し発信する場合には、商標権を侵害し違法な行為となる場合があるので注意してください。

大川市ブランドCM「ロゴモーション」篇
URL https://www.youtube.com/watch?v=9_E-r7RBpwc

■テロップも一貫性のあるものに

　スマホでの動画広告の視聴環境によっては、情報を理解するための第一の手段が**テロップ**になります。そのため、ロゴの出し方だけでなく、文字スーパーとしてのテロップの出し方もしっかりと考えましょう。その上で

ブランドイメージを意識した、目的に合ったフォント選びをしましょう。文字のフォントも基本を決めて一貫性を持って使用することが大切です。

たとえば、食と旅をテーマにしたグローバルなビデオネットワークを展開するテイストメイドジャパンの動画広告には、料理やデ

【レシピ】とろける濃厚抹茶テリーヌの作り方
URL https://youtu.be/GRsW9GSNMkQ

ザート作りを見せる動画広告があります。この動画のテロップが秀逸なのです。材料や手順などを効果的にテロップで流すことで、視聴者がこれを見るだけで自分でも簡単に作れるような気にさせています。もちろん、音声はなくても構いません。画面下に文字を流していくのではなく、材料などの脇にテロップを置き、あるいは文字だけを大映しにするなどの工夫で、効果的な動画広告に仕上がっています。

■美術・小道具で演出

撮影場所や、動画内に映るアイテムは、商品と同じくらい大切なものです。たとえば、ファッションアイテムや化粧品などの動画広告が、どこにでもある場所で、チープな小物を添えていたのでは、広告となる商品そのものさえみすぼらしく見えてしまいます。

たとえば、子供服通販サイト「devirock」の動画広告では、扱っている商品である子供服はもちろんですが、動画のバックは大胆に何もない場所にし、その分商品を際立たせています。服に添える小物も、子どもらしいかわいらしい

子供服通販サイト「devirock」シネアド用プロモーション動画（Crevo制作実績）
URL https://youtu.be/4bSbV-FPgpw

083

ものが選択されていて、楽しそうな雰囲気がよく出ています。モデルの横に商品価格を表示し、低価格のアピールにも成功している事例です。

■音楽で見やすく

　動画に流れる音楽によって、動画はかなり見やすいものになります。今は、著作権フリーの音楽もネットで多く見つけることができます。伝えたい目的や相手に応じて、適切な音楽をよく考えて使用しましょう。なお、商用利用は不可など著作権侵害や著作権法違反となる可能性があるので、規約はきちんと確認するようにしましょう。

■サウンドロゴでブランドを強調する

　ブランドのアピール方法として、音でイメージを伝える音のシンボル、サウンドロゴというものがあります。ロゴマークと音響を組み合わせて、ブランドを印象付けます。宣伝効果を高めるものとなるので、あなたの動画広告でも作ることをお勧めします。

> Chapter **4**

動画広告の
撮影方法

動画広告に必要な機材はスマホ1台あれば十分です。カメラに向かって楽しく自己紹介や自社の商品説明をしてみましょう。このとき、ちょっとした工夫をすることで、その動画は見違えるようになります。本章では、そのようなコツを紹介します。

Section 01
カメラはスマホでOK！
ただし手ブレはNG！

三脚に固定して、安心して見られる映像に

　スマホのカメラの性能はとても高度なものとなってきました。スマホだけで撮影した映画が公開されるなど、その性能は高価なカメラと大差ありません。したがって、動画広告の撮影も、高価な機材をそろえる必要はなく、スマホ1台あれば十分です。

　ただし、このときに気を付けなければならないのが、**手ブレ**です。どんなに魅力的なメッセージや買いたいと思わせる商品説明をしても、ブレた動画では十分にメッセージが伝わりません。

　それを防ぐ一番の方法は**三脚を使うこと**です。そのときに選んでほしいのが、スマホ用の三脚です。脚の細いカメラ用の三脚では被写体が動いたり、屋外で風が吹く中での撮影では影響が出たりしやすいので、スマホ用の三脚を選ぶようにしましょう。

　スマホでの撮影では、スマホホルダーが必要になるので、ホルダー付きのミニ三脚を購入しましょう。簡易な撮影ではミニ三脚でも構いませんし、そのホルダーをビデオ用の三脚に取り付けて使うこともできます。

手に持って撮影すると手ブレする可能性がある

スマホ専用のミニ三脚もある

三脚にセットしての撮影が手ブレ防止には一番確実

フレキシブルミニ三脚

フレキシブルミニ三脚を使えばさまざまなものにからみつかせて撮影できる

三脚にはスマホホルダーを取り付ける

手持ち撮影の場合も手ブレに細心の注意を

　手ブレ防止のためには三脚を使うのが確実ですが、持っていない人も多いと思います。最近のスマホは手ブレ補正機能が優れており、そこまで手

ブレをすることは少なくなりましたが、それでも手持ち撮影をするときには、スマホの片手持ちは避け、脇をしめて水平を保つようにしてください。体を固定できるものがあれば利用しましょう。壁や木などに寄り掛かったり、椅子や箱などにひじをついて固定したりすることもいいでしょう。

　歩きながら撮影する場合は、ブレを極力避けたいので、ひざを少し曲げて体が上下しないように歩きましょう。腰の位置を一定にして、ひじを浮かせて体からの衝撃を少なくするように心がけてください。

　この場合、広い画像のままで撮影しましょう。ズームアップや近づきすぎると、ブレが大きくなり画像が乱れやすくなるので注意します。

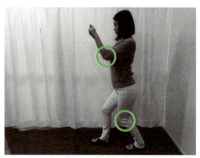
ひじを浮かせて腰をやや低くして、ひざを曲げて衝撃を吸収して歩く

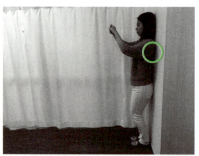
壁に寄り掛かって撮影すれば体が安定して撮影できる

椅子や箱などにひじをついて固定して撮影する

Section 02
撮影カットのサイズを覚えよう

サイズを押さえて適切なカットで撮影する

　ここでいうサイズとは、写っているフレームに対する被写体の大きさのことです。サイズごとの見え方の役割を知っておくと、**撮影のときに適切なサイズで撮影カットを決められる**ので、しっかり押さえておきましょう。

■フルショット
　これは被写体の全体が入るサイズで、人物では頭から足先まで入るサイズになります。被写体の全体が見えると、同時に周りの状況もわかるサイズになります。

フルショット

■ミディアムショット（バストショット）
　人物のお腹から胸を起点に頭の上まで入るサイズになります。モノならばハーフサイズです。このサイズは被写体の表情を見せられるとともに、背景との位置関係を示すことができます。ストレートトークなどでよく使われるもので、環境と表情をバランス良く見せることができます。

ミディアムショット（バストショット）

■**アップショット**

人物であれば顔に寄ったサイズ、モノならば一番見せたいパーツなどです。メッセージを強調したいときや、しっかりとディテールまで見せたいときなどに使います。

アップショット

■**ロングショット**

フルショットよりも周囲の状況や全体像がわかるサイズです。風景の中の一部として見えるようにもなります。

ロングショット

Section 03
カメラアングルによって印象は変わる

状況に応じてカメラアングルを使い分ける

　カメラアングルとはカメラの角度のことで、被写体に向かってのカメラの高さになります。普通のメッセージ動画であれば目線の高さ（アイアングル）で撮影することが一般的ですが、**アングルの上下によって、視聴者は被写体に対して違った印象を持つことになります。**

■ハイアングル（上から）

　カメラが上から撮影するアングルです。「俯瞰」とも呼ばれます。被写体が人物だと、寂しさや弱々しさを感じさせるので、ストレートトークやインタビューではお勧めできないアングルです。お祭りやイベント会場など、広く賑わう場所での撮影に向いているアングルになります。

ハイアングル（上から）

■アイアングル（目線に水平）

　一般的なストレートトークやインタビュー動画では、通常このアイアングルで撮影されます。日常的で安定感があるアングルではありますが、この高さだけが続くと単調な動画になる可能性もあります。

アイアングル（目線に水平）

■ローアングル（あおり）

　高い建物はより高く、権威ある人はより権威があるように見せることができます。ただし、威圧感や怖い印象を与えるアングルになるので、トーク動画には使用を避けましょう。

ローアングル（あおり）

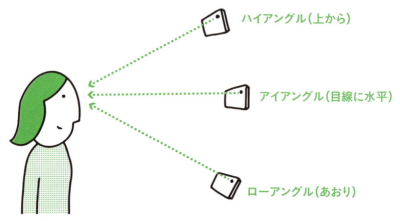

図4-1　代表的な3つのカメラアングル

Section 04
基本構図を覚えて動画を印象的にする

動画の印象をガラっと変える4つの構図

構図というのはカメラのフレームに対する被写体の「配置」のことです。いくつか基本的な配置の仕方があるので、覚えておきましょう。

■センター

いわゆるド真ん中の配置です。スチール写真では変化のない構図として避けられることがありますが、動画撮影においては最も基本的な構図といえます。シンプルにわかりやすく、話す人の主張をしっかり捉えることができます。商品が被写体の場合も、最もわかりやすく強い存在感を示す配置となります。

センターの配置

■三分割ルール

いわゆる縦に三分割、横に三分割するラインを引いて、そのラインが交わるところに被写体を置くと、視聴者の目の動線がそこにいきやすくなるといわれています。そして、収まりの良い映像、ちょっとおしゃれでカッコいいバランスのとれた構図が出来上がります。どんな世界観の中にその商品が存在するのかを訴求する場合に有効です。

三分割ルールの配置

■シンメトリー（左右対称）

　左右対称の構図のものは安定感があり、人の心に安心感を与えます。フレームの中に左右対称のものを見つけ、そのバランスを意識して撮影すると、美しい映像を撮ることができます。対比するモノとのバランスで商品を強調したり、2つの商品を対比させて魅力的に見せたりすることができます。

シンメトリーの配置

■対角線構図

　対角線を意識して被写体を置くと、「奥行」や「動き」が生まれる構図になります。商品の配置などでこの構図を意識すると奥行のある立体的な演出ができます。また、動きのあるものを撮影する場合では、長い距離が使えるため躍動感が生まれます。

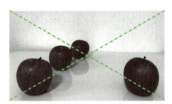
対角線構図の配置

三分割の線をスマホの機能で表示して撮影する

　撮影の基本構図の中でも、三分割ルールはシンプルかつセンスのある構図を描く、とてもポピュラーなテクニックとなります。スマホでは、その三分割の線「グリッド」を表示して撮影することができます。Android端末でも表示設定ができますが、ここではiPhoneでの表示の仕方を紹介します。

■iPhoneでのグリッド表示

① 「設定」から［カメラ］をクリックします。

② 「グリッド」をスライドして起動します。

③ カメラを起動すると画面に三分割の「グリッド」表示がされています。

Section 05
被写体の左右振り分け

画面の左右の配置

　人が動画の画面を見るときには、自然と左側から見る習性があります。文字自体も横書きなので、左から右へと目線が動くのが自然となっています。そのため画面の左側にあるものが、第一印象として強いイメージを持たれることになります。この左側に何を置くのかについてイメージの操作を考えてみましょう。

■左側に被写体を置く場合
　左側から被写体が話し始めるということは、まず、話し手の魅力に注目してもらうことになります。これは、強い発信を意図する場合の配置です。第一印象を華やかに好感度のあるイメージにしたいときに使われることも多く、男女で並ぶ場合には、一般的に女性が左側となります。すなわち、左側に好感度のある人を置き、右側に「タイトル」を配置すると、メッセージが抵抗感なく受け入れやすくなるというわけです。

被写体を左側に配置するとメッセージを受け入れやすくなる

■**右側に被写体を置く場合**

　被写体を右側に置いた場合は、左側にある何らかの情報を見てから右側へ目線を移すので、誰かの話を受ける役で配置される場合が多いです。また、1カット目というよりも、2カット目以降に採用されやすく、左側に「テロップ」を掲出し**内容を理解してもらう場合などに有効**です。人物が2人で出演する場合などでは、聞き手役が右側にくることが多いです。

被写体を右側に配置すると内容を理解してもらいやすくなる

Section **06**

ディーンの法則で動画広告を演出する

画面の位置ごとに意味を持つ

　ディーンの法則とは、舞台演出家ディーンが考案した舞台演出の法則です。この法則は、CMやポスターの画面構成にも応用され、動画広告においてもお手本になります。

　画面を六分割して、最も重要なエリアが「右上」となり、そこに手や商品（ビールや車など）を出すと、強い印象でアピールできます。逆に「左上」からは優しいイメージになり、ジュエリーや化粧品を女性の手を使って差し出すと商品に望ましい雰囲気になります。他のエリアでもそれぞれイメージ形成に配慮すべき点があるので、ぜひ覚えておいてください。

ロマンチックエリア	権威エリア	意思・運命エリア
優しさ、甘い、 美しい	対話、説得	男らしく力強い CMで重要エリア
落ち着いたエリア	ドラマチックエリア	安定事務的エリア
ひっそり、安らぎ	商品やテロップの 表示場所	事務的文字、 定価表示など

図4-2 ディーンの法則による画面のエリアが与える印象

Section 07
動画広告は明るさが命

ライティングは自然光が間接的に入ってくる場所が理想的

　室内で商品紹介のストレートトークを撮る場合などは、カーテンを開け、できるだけ**自然光が柔らかく入ってくるようにしましょう**。太陽の自然の光を取り入れることは、どんなライティングにも勝るものです。

被写体の後ろが明るい、いわゆる逆光は避ける

　屋内では**外の光が入ってくる窓を背にすることは避けましょう**。また屋外では太陽を背にせず、顔が暗くならないように意識しましょう。スマホでは簡単に明るさ調整ができるので、調節してみましょう。

自然光を正面に受け明るい顔に

逆光で暗い顔に

顔はもちろん、被写体を均等な明るさで撮影する

　室内でも照明を当てるだけで、明るく健康的な印象を作ることができます。夜間であれば、小型のLEDライトを人物の正面に均一に配置して照らします。それだけでも、あなたの動画広告の魅力度はグッと上がるものです。

室内での照明

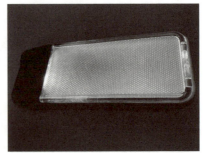
小型のLEDライト

Section **08**
テロップを入れることを前提に撮影する

タイトル、テロップ、終了画面を意識して撮影する

　ストレートトークでも、ハウツー動画でも、**文字情報を入れるスペースを意識した画面構成を考えて撮影に臨みましょう。**「テロップ」を入れる場所を用意しておらず、編集段階で困ってしまうことはよくあるものです。

　また、そのスペースには、文字情報のテロップが入ることを前提として、**読みやすい背景であること**を考慮しましょう。ごちゃごちゃしている背景や、多くの色が散らばっていたりすると、テロップの置き場所や文字色が決めにくくなる場合があります。スペースを空けて撮影する場合は、編集時にテロップが入れやすい環境であることを心がけましょう。

　強調するタイトルは人物の右側に配置、資料的な内容説明では画面左側に配置します。また、登場人物のコメントは画面下に配置されます。このコメントの位置はほぼ同一の場所で、動画全体に出演者が話している内容を補完することになるので、**画面下の背景は特に見にくくならないか配慮して撮影する**ことをお勧めします。

テロップの適切な配置場所

Section **09**
編集を前提に撮影する

前後3秒多めに、目につくものも撮影しておく

　動画は編集することを考えて、余裕を持って**前後3秒程多めに撮影しておく**ようにしましょう。ストレートトークやハウツー動画でも、出演者はスタート時、カット時において、話の始まりや終わりのタイミングが合わせにくい場合もあります。編集でフォローできる動画を残しておき、失敗を防ぎましょう。

　そして、目についたものもどんどん撮影しておきましょう。キャストが持っている小道具や、アングル違いも撮影しておくと、あとで説明用の映像を挿入して補足するインサートカットに使えたり、効果的なアクセントになったりします。気になったものは迷わず撮影しておくことをお勧めします。

目についたものはどんどん撮影する

Section **10**
自分一人での撮影では目線に注意

カメラレンズと目線を水平に、インカメラで撮影を

　自分自身を撮影する場合、基本的な撮影の留意点はキャスト撮影をする場合と同じですが、特に注意したいのが、**しっかりとカメラ目線でコメントを発せられるかどうか**です。スマホはインカメラにして自分が見えるようにしましょう。そのときの目線はあくまでも、レンズに置くようにします。レンズの位置は意外にわかりにくいので、目印を付けておくのも良いかもしれません。

　また失敗しがちなのが、ミニ三脚からのローアングルからの撮影です。あおりの顔だと怖い印象になってしまいます。カメラレンズが、自分の目の高さになるように、三脚を底上げして低くならないようにしましょう。

低い位置から撮影せず、カメラ目線になるようにカメラの位置を調整する

Section **11**

マイクを準備して動画広告の完成度を高める

音声の収録はスマホにつなげられるミニマイクで

　今のスマホの録音能力は高いものですが、被写体との距離が遠くなると声が聞こえにくくなったり、手元のノイズが入ったりすることもあります。よりクリアな音声にするためにも、数千円程度で手に入るので、できればスマホ用の外付けのミニマイクで収録するようにしてください。洋服などにつけられるピンマイクならば、両手が自由になり動きやすくなりますし、ピストルのように細長いガンマイクでは、向けた方向の音だけを収録することができます。

ピンマイク　　　　　ガンマイク

収録時には周囲の音に注意

　動画広告を視聴する上で気になる要素のひとつが音への気遣いです。屋外であれば、サイレンや子どもたちの声、風の音など、室内ではBGMやエアコンの音など、普段気にしない音でも動画で視聴してみるととても気になるノイズとして聞こえるものです。

　撮影の前に周囲の音のチェックを怠らないようにしましょう。また、ノイズの原因になるようなアクセサリーや指輪は外しておきましょう。

Section 12
ストレートトークでの
動画撮影6つのコツ

ストレートトークをする際の心構えと事前確認

　商品やサービスなどについて語る、いわゆるストレートトークでの動画撮影において、その内容をあなた自身が話す場合、事前にどんなことをしゃべるかきちんと決めておいたとしても、おそらく多くの人が緊張してうまく話せないと思います。

　うまく話すためには、メッセージを送るペルソナ（お客さま）に対して、どういう心構えと事前確認が必要か、6つのコツを紹介します。

■①原稿は一度声に出して読み返してみる

　コメントを読む人は商品やブランドを伝える大切な役割を担っています。伝えたい内容や微妙なニュアンスなどを、事前に再確認しておくと、安心して話すことができます。

■②原稿は見ず、覚えて話す

　お客さまにブランドや商品をお勧めするときには、できるだけ堂々と原稿を覚えて話すようにしましょう。

　カメラ目線で話すということは、お客さまと目線を合わせて語りかける動画になるということです。1分程度の動画ならば、話す内容を覚えておき、お客さまと目線を合わせて話しましょう。つかみの5秒と最後の5秒の読後感の部分が決まれば、多少のアレンジはOKです。

■③スマホで見られることを意識してアップで撮る

　動画広告は、スマホで見られることを前提として、被写体のサイズは、ミディアムショットからアップを基本として撮影するようにしましょう。

■④動画は映像より"声"が一番大切！　大きな声でしゃべる

　収録をする前に一度、胸を張って、普段の喋り方よりも15％増しのテンション高めに声に出してみましょう。いざ収録となると意外に声が小さくて撮り直しになることがあります。リハーサルはしっかりしておきましょう。

■⑤動画広告は基本横型！　スマホは横向きで撮影する

　動画広告は基本的に横向きで撮影しましょう。Instagramなどの縦型動画も多くなってきていますが、基本的には横で統一して、多くのメディアに展開することを考えましょう。

■⑥自分が出演者となる場合も、視線はカメラレンズに

　基本的には①〜⑤のコツ通りですが、スマホで自身を撮影する場合はインカメラで撮影しましょう。特に気を付けたいのがやはり目線です。撮影中、液晶モニターに目がいきがちですが、レンズの位置に目印などを付けてカメラレンズをしっかりと見るようにします。カメラ位置も自分の目線にくるように気を付けてください。

①原稿は一度声に出して読み返してみる

②原稿は見ず、覚えて話す

③スマホで見られることを意識してアップで撮る

④大きな声でしゃべる

⑤横向きで撮影する

⑥自分が出演者となる場合も、視線はカメラレンズに

図4-3　ストレートトークをする際の6つのコツ

> Chapter

5

動画広告の
編集作法

動画広告の編集は、スマホの編集アプリのソフトで行うことができます。撮影した動画を適度な長さや構成に組み直すことによって、より伝わりやすい動画になります。本章では、編集の基本的な進め方や具体的な作法について解説します。

Section 01
スマホ編集アプリの
ノウハウをしっかり押さえる

動画編集の基本

　撮影した動画は、素材によってはそのままHPなどにアップしても動画広告として成立するものもあります。しかし、多くの場合、商品やサービスの魅力、メッセージなどをしっかりと伝えるために、撮影した動画を編集する必要があります。

　撮影した動画素材は、編集アプリに読み込んで編集します。編集アプリとしては、iPhoneではiMovieが一般的です。Androidも、KineMaster（キネマスター）など、いろいろと編集アプリが出そろっています。ただKineMasterは無料版ではロゴが入ってしまうため、ロゴをなくすためには有料版にアップグレードが必要となります。その他、機能ごとにアプリも充実しています。

編集の単位

　撮影したひとつひとつの動画を「カット」といいます。この「カット」がつながって文章の段落のようになったものが「シーン」です。CMは「シーン」ごとの集まりを編集した「作品」といっていいでしょう。

　あなたが作る動画広告も、撮影した映像がつながり「作品」となるので、「カット」と「シーン」という言葉をしっかりと覚えておきましょう。

カット

撮影したひとつひとつの動画

シーン

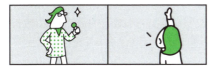

カットがつながってひとつになったもの

CM

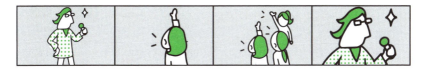

シーンごとの集まりを編集したもの

図 5-1 カットとシーンとCM

Section **02**

使用しない部分を削除
（トリミング）する

動画の削除（トリミング）を覚える

　102ページでも述べましたが、動画はカットの前後3秒ずつ多めに撮影しておくことをお勧めしています。これは余裕を持って映像を残しておけば、何らかの不測の事態にも編集で対応できるという理由からです。

　そこで編集で最初にすることは、カット前後の余分な部分を削除することです。その必要でない部分を削除することを、「トリミング」といいます。トリミングの操作画面は、編集アプリのソフトでは1カットずつ帯状に表示されます。そこでは、カットの前後だけでなく、出演者のセリフ前の無声部分や言い間違え、カメラのブレや雑音など、途中にある不要箇所を削除していきます。

　カットの途中の削除には「分割」という機能を使用します（操作の仕方は125ページ参照）。この機能を使えば、1つのカットを複数に分け、別々の場所で使ったり、カットの間に切れ目を入れて分割し、別のカットをはさみ込んだりすることもできるようになります。編集の基本は、カットの「余分なところを削除する」「分割」して「並べ替える」「挿入する」くらいです。できるだけ複雑にせず見やすいシンプルな編集を心がけましょう。

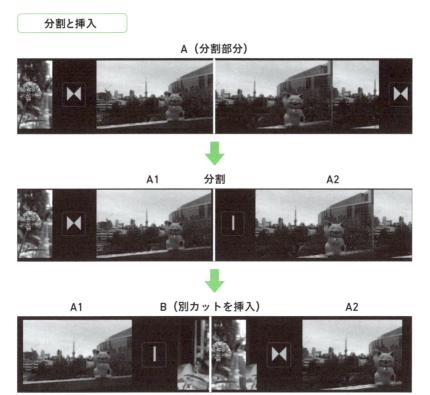

図 5-2　動画のトリミング

Section 03
カットを並べ替え、追加して調整する

動画の作法はカットの並べ替えや追加にあり

　ストレートトークの場合は、撮影したカットを順に並べていく方法で良いでしょう。インサートカットがある場合などは、余分な部分を削除しながら動画を並べ替え、または追加していきましょう。

　動画の編集には、統一されたルールがあるわけではありませんが、一般的な作法として、引いた「広い画面」で全体を把握させ、その後で、注目させたい商品などを寄った「狭い画面」で見せるように並べていくのが、自然な編集方法です。

似ているカットは錯覚を起こすので連続でつながない

　カットを並べるということは、あるカットに別のカットを隣り合わせるということです。そのとき、似たカットをつなげると、ジャンプカットといって時間が飛んだような違和感ある動画になってしまいます。

　たとえば、商品を手にした女性のカットの直後に、ほとんど同じサイズとアングルで話す女性のカットをつなぐと、違和感があるつながりになります。その場合、サイズやアングルの違うカットを間に挿入して自然な動画を作るのです。そのためにも、撮影時にいろいろなサイズやアングルのカットを撮っておきましょう。

 違和感

 自然

図 5-3 似たカット同士でつながない

Section **04**
テロップでメッセージを伝わりやすくする

無音でもメッセージが伝わる文字情報を

　動画広告はスマホでは無音で再生する場合も多く、また、音声とともに動画を見る場合でも、キャッチコピーやナレーションが文字としてテロップ表示されているほうが、はるかにメッセージが伝わりやすくなります。

　テロップの種類は大きい表示での「キャッチコピー」、それを補足する「サブコピー」、画面下に入れる「字幕テロップ」などがあります。

　テロップの大きさは、キャッチコピー以外は、==小さくても読みやすい文字数==を入れましょう。スマホでの視認性を考え15文字以内を基準にします。また、サブコピーが不要の場合は削除します。

　133ページで説明しますが、編集ソフトでは、あらかじめ用意された規定の中からテロップのデザインを選択することになります。動画広告を目的として選ぶ場合は、できるだけシンプルで読みやすいものにします。また、テロップの入れ方に、より自由度のある表現ができる有料の編集ソフトもあるので、それと組み合わせて編集することもお勧めします（149ページ参照）。

図5-4　iMovieのタイトル例

Section **05**

BGMやナレーションで
メッセージ性を高める

音楽の力でブランドの価値を高める

　BGMは動画広告を作る上で、**ブランドのイメージやメッセージ性を演出する**重要なファクターになります。選曲で大切なのは、あなたの会社の商品やサービスのイメージを語るBGMを選ぶということです。たとえば、新しいスイーツの発表であればポップで明るい曲、高額なサービスであればクラッシックで格調高い曲にするなど、第1に目的や意図に合った選曲を意識すること、第2に設定やシーンにふさわしい選曲をすることです。

　BGMは広告の価値を高めるためのものですが、届けるターゲットの属性によっても受ける印象が違うはずです。選曲するときには、自分の好みで選ばずに、他の人の意見も取り入れるようにしましょう。

著作権を侵害しないよう配慮する

　動画のBGMや効果音として利用できる音源は次の通りです。

①BGM用に無料配布されているもの
②BGM用に有料販売されているもの
③音楽制作者に作ってもらい、利用許可を得たり、著作権を譲渡されたもの
④著作権者もしくは管理者に利用料を払い許可を得たもの
⑤自分で作った音楽

　動画制作用のBGMは、動画編集ソフトにある程度用意してあります。

YouTubeでもオーディオライブラリに無料で多くのBGM素材を提供していたり、ネットでも著作権フリーの無料BGMがたくさんあります。動画広告用のBGMや効果音は、基本的に①と②を入手して利用します。

ナレーションもスマホで収録

撮影時に同時収録する音声と同様、ナレーションの収録についても基本的にスマホのボイスメモアプリを使用します。また、編集ソフトに設定されている録音機能を使えば動画を見ながら同時に収録も可能です。

収録時の注意点としては、静かで声が反響しない室内を選ぶことです。話し方は明確に、動画を見る人に明るく話しかける意識で話しましょう。マイクに近づきすぎると息づかいまで収録されてしまうので、近づきすぎず遠すぎずの、マイクから20〜30センチ程度の距離を保ちましょう。

BGMとナレーションの音量バランスを考える

動画広告の音量のバランスは、ナレーションをメインとして考えます。全体の音量を100%としたらナレーションは70%、BGMは30%以下に抑えます。編集ソフトの中で音量のバランス調整もできるので、自身で聞き分けて調整してみましょう。ナレーション、BGMそれぞれをタップすれば音量調整が行えます。

図5-5　iMovieでの音量のバランス調整

Section 06
カットのつなぎを装飾する効果トランジション

トランジションを使ってカットのブツ切り感をなくす

編集でカットとカットをつなぐだけだと、ブツ切り感が目立つ場合がありますが、つなぎを装飾する効果「**トランジション**」を使うと気持ち良くカットのつなぎができるようになります。あまり多くの種類を使いすぎるとしつこい印象を与えるので、多用しすぎないようにしましょう。ここでは、基本的なトランジションを紹介します。

- ディゾルブ（オーバーラップ）

　AとBの2つのカットが次第に交わり合いながら、AからBへと画像が入れ替わる効果です。これはカットのつなぎをスムーズにする効果があります。さらにAからBへの時間経過をうまく表現する効果もあります。編集ソフトによっては、初期設定でこのディゾルブが設定されています。

図5-6　トランジションの種類のひとつ「ディゾルブ（オーバーラップ）」

- ワイプ

　画面が右から左にスライドして入れ替わったり、真ん中から割れて次のカットに替わったりと、編集ソフトの中にも多くのタイプのワイプが用意

されています。ワイプの効果は、「さて、お次は！」とか「話は変わって」など、一呼吸置いて次の話題に移るときなどに適しています。

図5-7　トランジションの種類のひとつ「ワイプ」

> Chapter

6

動画広告の効果的な編集方法

前章では動画広告の編集の作法について解説しましたが、ここからは実際にスマホで編集する場合にどういう手順で進めるのかを、編集ソフト「iMovie」を使って解説していきます。動画の取込みから、編集、書き出し、YouTube へのアップロードまでの手順を紹介します。また、その他の編集ソフトの紹介や、さらに、もっと豊かな表現手法を安価に入手できる編集ソフト「Perfect Video」での編集方法も解説します。

Section **01**

iPhoneで編集するなら iMovieが最適

誰でも簡単！ iMovieで動画を編集する

　iMovieは、動画の取込みから書き出し、アップロードまで、iPhoneユーザーなら無料で使える編集アプリです。一度操作を覚えてしまえば、動画編集の初心者でも簡単にクオリティ感のある動画広告を仕上げられます。

　ここからはiMovieを使用しての基本操作を紹介します。

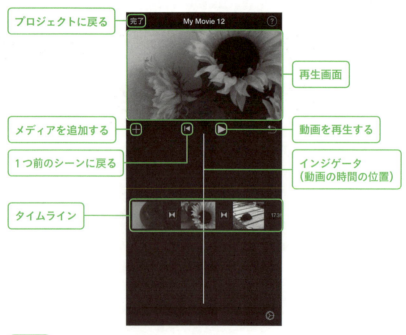

図6-1　iMovieのインターフェイス

動画の取込み

① [プロジェクト]（❶）→ [+]（❷）の順でタップします。

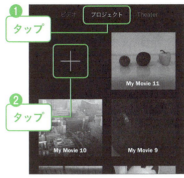

② [ムービー] をタップします。

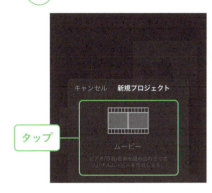

③ [ムービーを作成] をタップします。

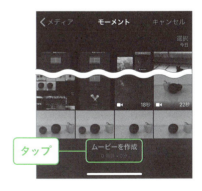

④ タイムラインが画面の下に表示され、編集画面になります。[+] をタップすると、ビデオ、写真、オーディオなどを取り込むための画面になります。

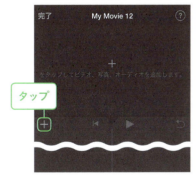

> **Memo　操作に迷ったときには？**
>
> 右上の [?] をタップすると各アイコンの解説がポップアップで出てくるので、迷ったときはチェックしてみてください。

⑤ [ビデオ] をタップします。

⑥ [すべて] をタップすると、今まで撮影した動画素材が表示されます。

⑦ 動画素材の中から使いたい動画を選択し、[＋] をタップします。

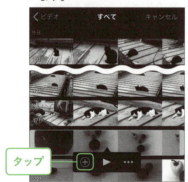

⑧ タイムラインに選択した動画ファイルが挿入されます。

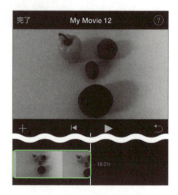

✎ Memo 動画の内容の確認

再生ボタンをタップすると、次のように動画の内容が確認できます。

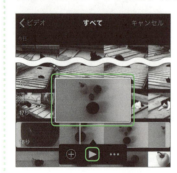

動画ファイルの長さを調整する

　動画は読み込み順にタイムラインに並びます。動画のコマは横長で帯状に表示されるので、そのサイズが長すぎるときは2本の指で画面上の動画をつまむように動かし、画面を縮小させてコンパクトにすると作業がしやすくなります。
　タイムラインで動画を選択し、動画の前後にある黄色のハンドルをドラッグしながら、不要な部分を削除します。画面上部に秒数が表示されるので、それを目安にしましょう。タイムラインの中心の縦線は再生ヘッドです。この位置のフレームが再生画面になり、編集していく起点となります。そして、[▶]をタップすると、その位置から再生が始まります。

① タイムラインにある動画ファイルをタップします

② 動画ファイルが黄色く囲まれます

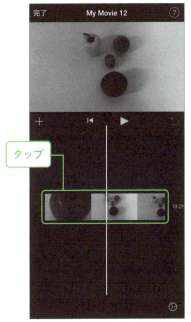
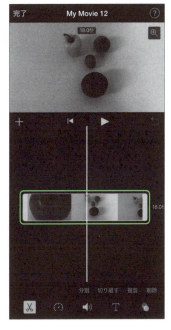

③ 右の太い黄色い線を左に移動します。

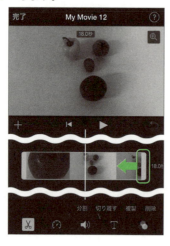

④ 移動した分の動画が短くなります。

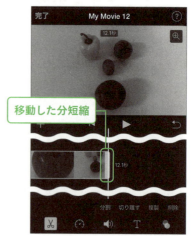

動画を縦横回転させる方法

　動画撮影で起こりがちなミスが、動画を逆向きや回転した状態で撮影してしまうことです。これは、そんな状態を簡単に編集する方法です。

① 回転させたい動画をプレビュー画面に表示させ、その動画を2本の指でつまみ、画面上で回転させます。

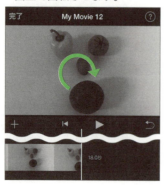

② 動画が時計回りに90度回転します。

カットを分割・削除する方法

　長すぎるカットの間を抜きたいときや、商品など別のカットを挿入するときに使う機能です。分割したいカットをタイムラインで選択し、[分割]をタップします。簡単な裏技としては、分割したい部分に白い縦線を合わせたら、動画ファイルを選択した状態で画面を指で上から下へスワイプするだけでスパッと分割できます。

　分割したカットの中で不要なものがあるときには、その場面をタップして指定し、[削除]をタップすれば削除することができます。別のやり方として、タイムラインで不要なカットを長押しして、タイムラインの外にドラッグしても削除できます。間違えて削除してしまったときには、[↩]をタップすれば元に戻せるので安心です。

① 動画を分割したい位置に、タイムラインの白い縦線がくるように移動します（❶）。動画ファイルをタップし黄色にします（❷）。白い縦線を上から下にスワイプします（❸）。

② 動画ファイルが2つに分割されます。

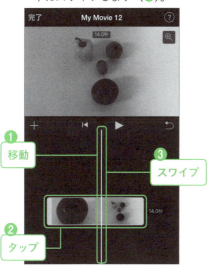

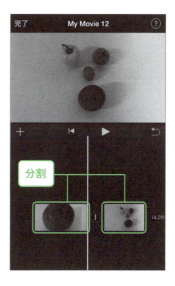

③ 後ろの動画が不要な場合は、削除したい位置をタップして動画を黄色にし、[削除]をタップします。

④ 動画が削除されました。

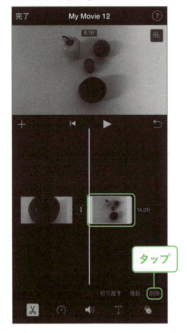

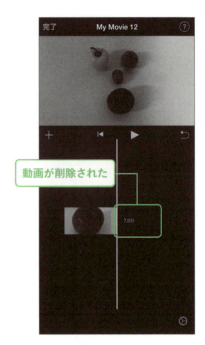

カットの並び位置を変更する

　カットの順番は、ドラッグ&ドロップで自由に入れ替えができます。移動したいカットをタップして指定し、1秒程度長押しすると、その状態でドラッグできるようになります。タイムライン外へドラッグすると削除になってしまうので注意しましょう。

　カットの入れ替えは編集において一番試行錯誤しながらも楽しい作業となります。商品の場所を入れ替えてみるとしっくりしたとか、意味がわかりやすくなるなど、動画広告の質の向上につながるので、いろいろとチャレンジしてみましょう。

① 移動したいカットを長押しします。

長押し

② 移動したい位置にドラッグします。

ドラッグ

③ 指定した位置にカットが移動しました。

タイムラインの表示を拡大・縮小する

多数の動画ファイルがタイムラインに並ぶと見えにくくなるので、タイムラインを指の操作で拡大・縮小させて編集しやすくしましょう。

タイムライン全体の編集の流れを確認したい場合は縮小、細かい編集をしたい場合は拡大するなど、目的に合わせて利用してください。

① タイムラインを指2本で開いたり閉じたりします。

② 動画ファイルの表示を縮小・拡大できます。

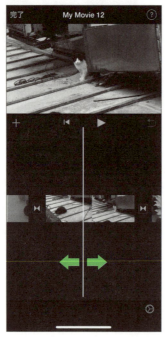
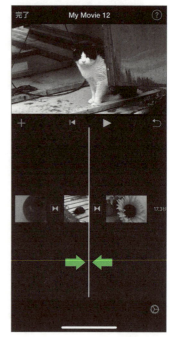

Section 02
動画広告にBGMを入れて劇的な効果を演出する

BGMを入れる際の基本操作

　BGMを入れる場合、使用する音楽をあらかじめiPhoneに読み込んでおきましょう。[オーディオ]をタップすると、iMovieにあらかじめ付属している「テーマ曲」や、「ミュージック」アプリやiCloudに保存された音楽がリストアップされます。使用したいBGMを選択し、動画のときと同じように読み込みます。ここではあらかじめiMovieに付属している音楽を使用するやり方で解説します。

① タイムラインを最初の位置に合わせ（❶）、[＋]をタップします（❷）。

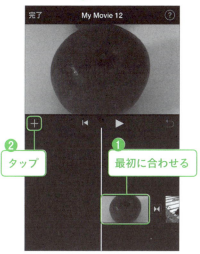

② [オーディオ]をタップします。

③ ［テーマ曲］をタップします。

④ 使いたいBGMを選び、［使用］をタップします。

⑤ タイムラインにBGMが挿入され、緑バーが表示されます。

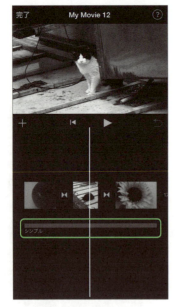

音量を調整する方法

動画ファイル自体の音声や、BGMの音量を調整しましょう。

① 音量を調整するほうのファイルを選択し、スピーカーマークをタップします。

② 音量調整バーを左右に移動させると、音量を上げたり下げたりすることができます。

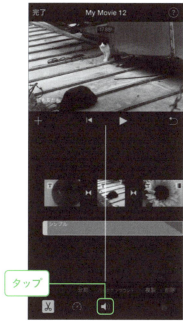

タップ

音量を上げ下げできる

BGMをフェードアウトさせる

動画の最後にBGMがブツ切りで終わることは避けたいものです。フェードアウト機能を使用すると、音が次第に小さくなっていきます。これにより、余韻のある自然な音楽の終わり方ができます。

① BGMのバーをタップし（❶）、スピーカーマークをタップします（❷）。

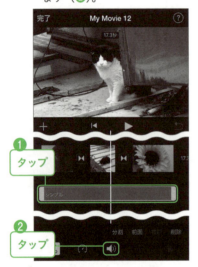

② [フェード]をタップします。

③ タイムラインにある[▼]のうち、後ろの[▼]を指で押さえてフェードアウトを開始したい位置に移動させます。

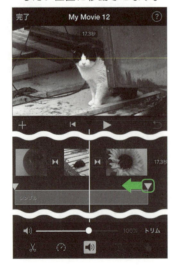

④ 移動部分にフェードアウトが適用されます。

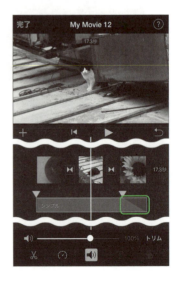

Section **03**

テロップを入れてメッセージを強調する

テロップの入れ方

iMovieでは1カットにつき1つのテロップが挿入可能です。

① テロップを入れたい動画をタップ（❶）し、［T］をタップします（❷）。

② タイトル選択画面になるので、タイトルのスタイルを選択します。

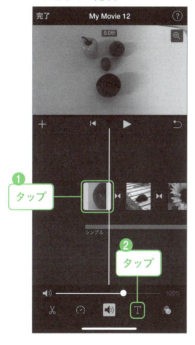

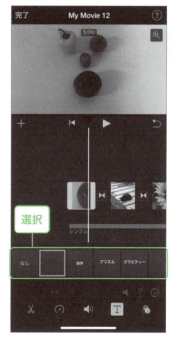

③ ［オープニング］をタップします（表示位置が違う［ミドル］［エンディング］の選択も可能）。

④ プレビュー画面上の［タイトルを入力］をタップします。

⑤ テロップを入力します。

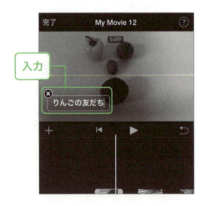

⑥ 表示位置を変えたければ、［ミドル］、［エンディング］をタップし、テロップを入力します。

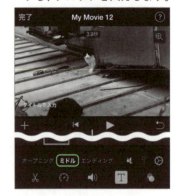

Section **04**

その他の便利な
iMovieの機能

トランジションを入れる

　トランジションとは、AとB、2つのカット間のつなぎ目効果のことです。iMovieでは初期設定で、すべての動画間にクロスディゾルブという消える映像と現れる映像が重なり合って切り替わる、オーバーラップする映像効果が挿入されています。たとえば、並べ替えをするとつなぎ目がブツ切り感になり気になります。その対策としてトランジションを入れます。

　動画のつなぎ目部分をタップすると、画面下にトランジション（切り替え効果）のリストが表れるので、効果を選択して対応します。普通のストレートトークなどでは、「｜」の効果なしでつないでいくのが一般的ですが、場所が変わる、被写体が変わるなど大きな変化がある場合は、最初に設定されているクロスディゾルブをお勧めします。ちなみに効果の秒数も画面最下部で選択できるので、ディゾルブやワイプなどを調整してみてください。この気遣いをするだけでプロっぽい動画になります。

① カット間にあるつなぎ目の
マークをタップします。

② さまざまなトランジション
が現れるので、[なし] をタッ
プします。

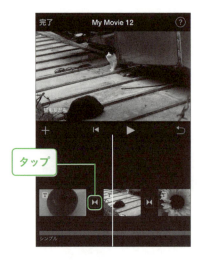

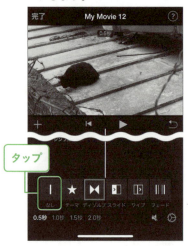

③ [なし] が選択されました。

136

フェードアウト機能で余韻を残す

　動画広告の場合は使用しない場合も多いですが、イメージPVなどではラストにかけて徐々に暗転していくフェードアウト機能の効果も覚えておきましょう。この機能を使うと、映像に余韻を残すことができます。

① 画面右下の歯車マークをタップします。

② ［黒へフェードアウト］を有効にし（❶）、［完了］をタップします（❷）。

③ タイムラインのラストが次第に暗転し、フェードアウトします。

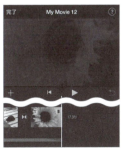

動画の色や質感を変える

　プロジェクトフィルタを使えば、Instagramと同じように色味などを変更できます。過去の表現をするためにモノクロのカットを使用するなどは有効な方法ですが、基本的には自然な色合いのままをお勧めします。

① 画面右下の歯車マークをタップします。

② プロジェクトフィルタのテーマを選択し（①）、［完了］をタップします（②）。

③ タイムラインの動画にフィルタが適用されます。

デザインテーマを変更する

iMovieではテーマを変更すれば、デザインを変えることができます。「旅行」「ニュース」など、Appleがデザインした数種のデザインテーマを選ぶことができます。簡単にプロ品質の動画を作ることができますが、自社の目的に合うデザインでなければ使用する必要はありません。

① 画面右下の歯車マークをタップします。

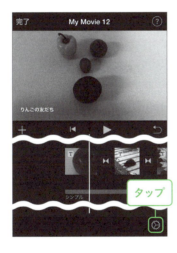

② 変更したいテーマを選択し(❶)、[完了] をタップします(❷)。

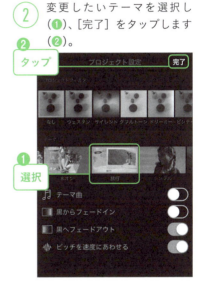

③ 変更したテーマが反映されます。

Section 05
タイムラインの動画を書き出す

動画の書き出し方

　動画の編集が終わったら、タイムラインの動画を書き出して1本の動画にします。
　まず［完了］をタップし、My Movieの画面に戻ります。［📤］のアイコンが共有のボタンです。これをタップし、［ビデオを保存］を選択します。
　書き出しサイズの選択画面が出てくるのでサイズを選びます。ハイビジョンで撮影した動画なら「HD-1080p」を選ぶといいでしょう。サイズを選ぶとすぐに書き出しが始まり、「写真」アプリに動画が保存されます。

① 動画の編集が終わったら［完了］をタップします。

タップ

② ［📤］をタップします。

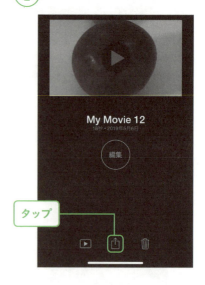

タップ

③ ［ビデオを保存］をタップします。

④ 書き出しサイズを選択します。

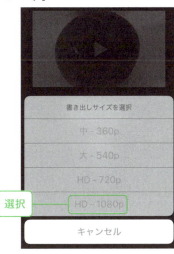

⑤ 動画の書き出しが始まります。

⑥ 動画の書き出しが終了したら、［OK］をタップします。iPhoneの写真アプリとiMovieのプロジェクト内に動画が保存されます。

Section **06**

iMovieで作った動画をYouTubeにアップロードする

YouTubeに動画をアップロードする方法

　YouTubeに動画をアップロードするためには、前提として、Googleのアカウントを持っている必要があります。

　そのアカウントを取得してからYouTubeにアクセスするだけで、自動的にYouTubeチャンネルを持つことになります。ここからはGoogleのアカウントを持っていることを前提にお話しします。YouTubeは、動画広告を披露するためのHPのようなものです。あなたのファン作りにとても重要なものとなるので、アップロードの仕方をしっかりと覚えておきましょう。

① 動画編集後、［□］をタップします。

② ［YouTube］をタップします。

142

③ ［続ける］をタップします。

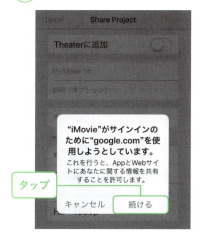

④ ログイン画面で Gmail アドレスを入力します。

⑤ Gmail のパスワードを入力します。

⑥ アカウントを選択します。

⑦ iMovieがアクセスのリクエストをしてくるので、[許可]をタップします。

⑧ タイトル、説明、カテゴリ、タグを入力します。

⑨ 動画のサイズはYouTubeが推奨している「HD-720p」を選択します。

⑩ プライバシーは「非公開」を選択し（❶）、アップした動画に問題がないか確認してから公開するようにします。[Share]をタップします（❷）。

⑪ 自動でムービーの書き出しが始まります。

⑫ 同じく自動で YouTube にアップロードされます。

⑬ 「YouTube で公開されました」というメッセージが出たらアップ完了です。

> **Memo** 広告の審査期間
>
> 広告の審査には数時間から1営業日かかるため、実際に広告が出稿されるまでには時間がかかります。

145

動画のアップロードの前に、見直し、修正は忘れずに！

　編集した動画は何度も見直して修正していきましょう。iMovie などの編集ソフト内だけでなく、カメラロールに書き出してみて、スマホやPCなど、いくつかのデバイスで確認します。また、室外など見る環境が変わるとそれまで気付かなかった修正箇所が見つかったりもするので、異なる環境でも見るようにしましょう。テロップの大きさや色、音量など、ペルソナのいる環境を想像しながらチェックしてみてください。

Section **07**

Android環境で使える編集ソフト

3つのお勧め編集ソフト

　iPhoneと同様、Android端末にも、優秀な動画機能が搭載されています。そして編集となると、まだiPhone用ソフトのほうが優れているとされてきましたが、最近はAndroidの編集ソフトも充実してきています。

　その中でも、多機能なアプリがリリースされているので、いくつか紹介しましょう。いずれも無料版が用意されているので、Androidユーザーの人は、まずはそちらを試してみてください。ただし、お店や会社の動画広告を発信するならば、編集ソフトのロゴマークが付かない、高機能な有料版ソフトが数百円で購入できるので、そちらを使うことをお勧めします。

PowerDirector

　サイバーリンク社のPC用編集ソフト「PowerDirector」のAndroid版です。Windows版のソフトウェアとしてはかなり優秀で、数々の賞を獲得しています。Androidのスマホで簡単にビデオの編集ができます。

　PowerDirectorは高性能な動画編集ソフトなので、基本的なカット編集はもちろん、マルチトラックのタイムライン編集、分割、回転、トリミング、タイトル、BGM、アフレコ、エフェクト、スローモーション、逆再生など多数の機能を搭載しています。さらにクロマキー合成や、アクションムービーエフェクトを適用することができ、4Kの解像度で書き出して、YouTubeやFacebookなどSNSに投稿することができます。

　ただし、無料版は右下に小さく「PowerDirector」のロゴが挿入されてしまいます。そのため、動画広告を作成するときには、価格もそれほど高

くないので高機能の有料版をお勧めします。

Video Show

　スマホでの動画編集は手軽さが一番、と考える人にお勧めの動画編集ア
プリが「Video Show」です。豊富な編集ツールと簡単に動画を作成できる
テーマ機能、さらにエフェクトや音源などの編集用素材を追加して機能を
拡張することもできます。タイムラインでのレイヤー編集はサポートして
いませんが、トランジション、エフェクト、フィルタ、BGM、字幕などの
基本的な機能は完備しています。

　通常の編集作業もできますが、どちらかといえば複数の映像をつなげて
素早く1本の作品に仕上げるのに適していて、「撮影しながら編集する」と
いう独特の使い方ができるのも特長です。有料版もありますが、基本的な
機能は無料で利用できます。

キネマスター

　「キネマスター」はスマホで本格的な動画編集ができるアプリです。動画
編集ができるアプリはめずらしくありませんが、「キネマスター」はPCの
動画編集ソフト並みの機能を備えているので、このアプリだけで本格的な
動画作りが可能です。

　多機能で複雑な編集ができますが、基本的な編集機能は難しくないので、
誰でも使いこなせるようになります。トピックとしては0.1秒ごとのカット
編集も可能になりました。基本的な機能は無料版で使えますが、ウォーター
マーク（アプリ名）が入ります。有料版であれば消すことができるので、
本格的に会社の動画広告の投稿を目指す場合には、有料版をお勧めします。
iOS版もあります。

Section **08**

Perfect Videoで
より魅力的な動画広告に!

▌ 動画広告としての魅力をPerfect Videoでパワーアップ

　Perfect Videoは、使い勝手が良く優れた機能を持つ編集アプリです。iMovieでも無料で簡単に編集ができますが、もっとクオリティの高い動画広告を作りたい場合は、Perfect Videoが必要となります。特にストレートトークやハウツー動画で必要となるのが、文字表示の演出力。いわゆるテキストをどこにでも配置でき、拡大・縮小も自由自在という機能性は、コピーでの訴求力を発揮すべき動画広告には欠かせないものです。

　また商品を訴求するために、画面の中に画面を入れることができるPIP（ピクチャーinピクチャー）は、商品をコマーシャルする機能としては欠かせません。さらに、まるで違う場所で撮影したかのような特殊効果ができるクロマキー合成が使えるのも、広告の演出力を飛躍させてくれます。加えて、プライバシーの保護がすぐにできるモザイク処理や自社のロゴをしっかり表示させることのできるウォーターマークが付けられるなど、動画広告に必要な機能が満載されているのです。

　それを実現するのが、有料版のPerfect Videoです。600円程度で本格的な動画広告を仕上げることが可能になる、価値あるソフトです。

　ここからは、iMovieにプラスして動画広告作りに役に立つPerfect Videoの編集について紹介します。

Perfect Videoを使った動画の編集

① Perfect Videoを起動し、[+] をタップします。

② カメラロールの中から編集する動画を選び（❶）、[✓] をタップします（❷）。

③ 最初は推奨値になっているので、[完了] をタップします。

④ 自動的に新プロジェクトを生成します。下部に②で選択した動画、クリップが並びます。クリップは動画1素材、プロジェクトはクリップ全部をつないだ動画です。編集するクリップをタップします。

⑤ 編集するクリップの基本画面になります。下部に編集内容一覧が並びます。

動画の長さを調整する

　動画は「基本画面」の下部にある編集内容をタップすることで、各目的の編集画面となります。動画が長すぎる場合はピンチインしてコンパクトにすると作業がしやすくなります。そして、[▶]をタップすれば再生が始まります。

■動画の切り取り（前後の削除）
　基本画面の切り取りマークをタップし、動画の前後にある黄色のハンドルをドラッグしながら不要な部分を削除します。前後に切り取りの秒数、上部に全体の秒数が表示されているので、それを目安にしましょう。

① ［切り取り］をタップします。

② 動画の左右が黄色くなるので、黄色い部分を移動すれば動画を削除できます。

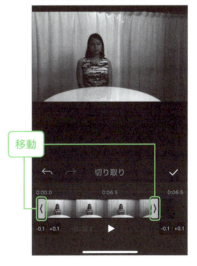

■動画の分割

　基本画面の分割マークをタップ、分割したい部分をセンターラインに合わせて、画面下の［分割］をタップすると、スパッと分割できます。たとえ間違えても、「←」をタップすると元に戻せるので安心です。さらに、右下の［フリーズ］をタップすると、選択画像をカメラロールに取り込めます。

① 動画を分割したい位置にセンターラインが来るように移動します。

② ［分割］をタップすると、スパッと分割できます。

動画のトリミング

　編集する映像を拡大・縮小したい、人物を移動してテロップのスペースを作りたいなど、動画を広告として成立させるためには「トリミング」という画面調整が必要です。Perfect Videoは、その工程も手軽に行うことができます。

① 下の画面をタップします。

② [変形] をタップします。

③ 画面が赤い枠で囲まれ、移動、拡大、縮小ができるようになります。

④ 二本指で縮小したり、位置も移動できます。

⑤ 画面を拡大して人物を左へ移動し、右側にテロップを入力するスペースを作ります。[✓] をタップします。

⑥ 右側にテロップを入力するスペースができました。

テロップを入力する

　スマホで見る機会の多い動画広告において重要になるのが文字によるメッセージの訴求力です。前述のiMovieにもテロップ機能はありますが、テロップの演出においてはPerfect Videoの多彩な機能を活用したいところです。下記はその対比となります。Perfect Videoを活用すると映像や情報力の強さが増して、グッと効果的な動画を作ることができます。

iMovieのテロップ例

Perfect Videoのテロップ例

テロップを入れる方法

　ここからテロップを入れるにあたり、覚えておいてほしい主な機能とその方法を流れの中で解説していきます。

　Perfect Videoは多彩なフォント（書体）を選択でき、テロップのサイズも拡大・縮小が自由自在です。また、テロップの色の選択や自由に移動させての配置、文字を目立たせるための縁取りやボカシ、エフェクトなど、文字で動画広告を演出する上で欠かせない貴重な機能となるので、ぜひマスターしてください。

① ［テキスト］をタップします。

② ［T］をタップします。

Memo　テロップのサイズ

動画を見る距離で文字サイズを決定します。TVは小さなサイズでも読むことができますが、スマホだと小さなサイズでは意外と読みにくいので大きめに入れましょう。

③ キーボードが現れるので、[Aa] をタップします。

④ フォント選択の画面になるので、テロップに使用したいフォントを選んでタップします。

⑤ 文字を入力し、左から2番目の［≡］をタップして、左寄せなどテロップの位置を決めます（❶）。［完了］をタップします（❷）。

> **✎ Memo　フォントの選択**
>
> 高級感、繊細さを狙うならば「明朝」系、カジュアルで強さを狙うならば「ゴシック」系。フォントの選択もブランドの目的により世界観があると思いますが、スマホの小さな画面では繊細な文字は読みにくくなります。基本は強くはっきり読めるフォントを基準にしましょう。お勧めとしてはHelvetica系の太文字にすると良いでしょう。

⑥ 画面中央の緑の枠の中にテロップが表示されるので、指で枠を動かして適切な位置に文字を移動させます（❶）。[✓]をタップします（❷）。

> **Memo　文字の位置**
> 頭ぞろえのほうが読みやすいため、テロップは基本的に左寄せを選択します。

> **Memo　テロップの色**
> テロップは読みやすさを最優先にしましょう。背景が明るければ「黒」を、暗ければ「白」を基調にします。

> **Memo　テロップの配置**
> 人物や商品などにかぶらないように、見やすい位置に配置します。文字切れ防止のため、画面の外側5〜10%には配置しないようにします。

> **Memo　テロップの拡大・縮小**
> テロップは二本指で拡大・縮小が可能です。

⑦ 基本画像でレイアウトを確認し（❶）、[テキスト]をタップします（❷）。

⑧ タイムラインの緑の部分をタップし（❶）、[編集]をタップする（❷）と文字編集の画面になります。

⑨ 左から3番目の[Aa]をタップすると、文字に外枠を作る編集画面になります。カラーを横スクロールで選択でき、下部の％で太さを決定します。

⑩ 左から4番目の[Aa]をタップすると、文字の外枠をボカシて雰囲気を作る編集画面になります。カラーバーから色を選択し、下部の％で太さを決定します。

⑪ 左から5番目の［Aa］をタップする（❶）と、文字の本体をボカシて雰囲気を作る編集画面になります。カラーバーから色を選択し（❷）、右の縦バーで太さを決定します（❸）。

⑫ 一番右の［Aa］をタップする（❶）と、文字下に敷く「座布団」といわれる色ベタ設定の編集画面になります（❷）。右の縦バーで透明度を調整できます（❸）。

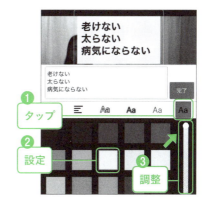

Memo 文字の外枠（縁取り）

縁取りは文字を別の色の線で囲んで目立たせる方法です。白文字なら黒系統でなど反対色で視認性を高めます。

Memo 文字の外枠（ボカシ）

ぼんやりとしたボカシを文字の形に添って入れる方法です。濃い背景ではライトのように映える効果があります。

Memo 座布団（テロップスペース）

テロップの下に敷く帯状の画像です。縁取りやボカシでも強調しにくい、複雑な背景の場合に敷くと格段に読みやすくなります。

⑬ ［エフェクト］をタップします。

⑭ テロップの開始・終了を動きのある効果で設定できます。たとえば、上段左から2番目を選択すると、文字が順番に出てきます。［✓］をタップします。

⑮ ［アニメーション］をタップします。

> **Memo** エフェクトとアニメーション
>
> 文字の登場感や読後感を演出するものです。エフェクトは文字が順番に出てくるなど注意喚起の効果があります。アニメーションはさらにダイナミックに開始・終了を演出します。ただし、子どもっぽいイメージになりやすいので多用は避けましょう。

(16) 座布団を含めてテロップの開始・終了をアニメーションで設定します（❶）。たとえば、画面の外からテロップが飛び込んでくるアニメーションを選択します。速度は下段で調整できます。[✓] をタップします（❷）。

(17) [▶] をタップすると、外からテロップが飛び込んでくるアニメーションが流れてきます。

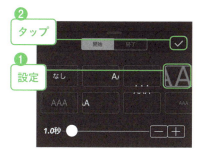

(18) テロップが小さくなっていき、設定した場所に定着。効果的で目立つテロップの完成です。

その他のPerfect Videoが持つさらなる機能

　ここまで紹介したのは、基本的な機能でしたが、Perfect Videoが持つ機能の中で、さらにお勧めなものが次の5つです。

- PIP（ピクチャーinピクチャー）
- モザイク
- クロマキー合成
- 30種近いトランジション
- ウォーターマーク

■PIP（ピクチャーinピクチャー）
　これは動画の中に他の動画や静止画を埋め込むことができる機能です。埋め込みの場所やタイミング・長さも自由自在です。画面の中に別次元で商品カットを挿入したり、動画や画像で情報をさらに加えたいときに便利な機能です。

① 動画の編集画面で［PIPビデオ］をタップします。

② カメラロールの中から挿入する動画もしくは画像をタップします。

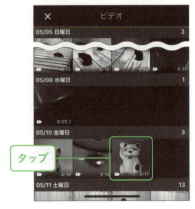

③ 画像の大きさや、タイムラインに挿入する動画の長さを調整します。

④ [完了] をタップします。

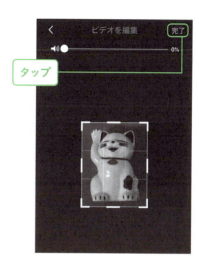

タップ

⑤ 挿入する動画を縮小して配置したい場所へ移動します。

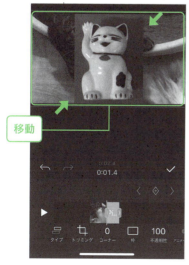

移動

⑥ 動画の移動が完了しました。

> **Memo** 合成のレイアウト
>
> PIPでの合成は、上下左右に分割するレイアウトも選べます。さらに枠や境界線の太さや色も変えられるので、スタイリッシュな作品を目指すこともできます。
>
>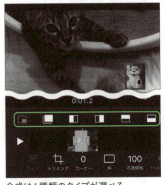
>
> 合成は6種類のタイプが選べる　　右横配置の例

■モザイクをかける

　プライバシー保護などのためにモザイクをかけたい場合も、簡単な操作で行うことができ、形状も自由に設定できます。

① ［エフェクト］をタップします。

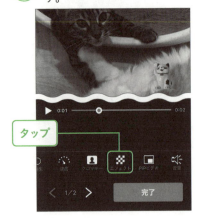

② [■] をタップします。

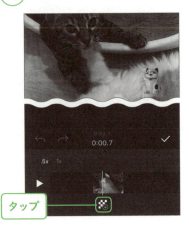

③ 画面に赤で囲まれたモザイクが現れます。モザイクの形状は下部で選択可能です。

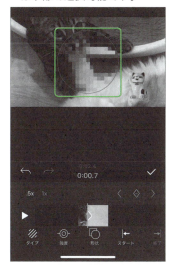

④ モザイクの大きさや位置を設定し、[✓]をタップします。

タップ

⑤ 招き猫にモザイクがかかりました。

■**クロマキー合成**

　PIPを応用してクロマキー合成も可能です。ブルーバック素材の背景を抜く機能があるので、青や緑の背景の合成が手軽にできます。動画の背景をクロマキー機能を使って抜いて、好きな位置に好きなサイズで合成します。

① ブルーでなくても単色の背景ならば、[色を削除]をタップすると抜きやすくなります。

② 「感度」（①）や「滑らかさ」（②）の調整をすることで高確度で背景が抜けます。[✓]をタップします（③）。

③ 抜いた画像を挿入したい位置に希望のサイズで合成します。

④ 合成が完了しました。

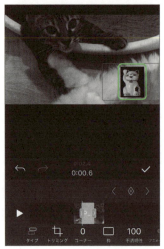

■**30種近いトランジションが使える**

　動画間のトランジションをタップすると、30種近いトランジションの中から、作品の雰囲気に応じて好きな効果をいろいろ選べます。ただし、カットごとに大きな画面展開をしていくと、くどくなったり、子どもっぽくなったりしてしまいます。基本的に使用するのは初期設定の「クロスディゾルブ」か「なし」で十分です。

① 動画間のトランジションをタップします。

② 30種近いトランジションの中から選択できます。

■**ウォーターマークが付けられる**

　企業でいうロゴマークのような、動画にウォーターマーク（透かし）が付けられます。ウォーターマークの入力・設定は、プロジェクトの設定画面で行います。

① 設定から［カスタムウォーターマーク］をタップします。

② [🖼] をタップします。

③ カメラロールから取り込みたい画像を選択します。

④ 取り込んだ画像を適切な大きさに縮小し、移動します。

⑤ [設定]をタップします。

⑥ 配置が完了しました。

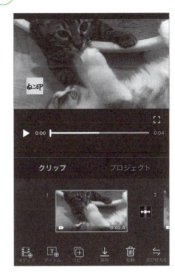

　Perfect Videoには、この他にも、多彩な機能があります。サウンドエフェクト、逆再生、トリミング、スローモーションなど、役立つ機能ばかりです。そのほとんどの機能が、スマホを直感的に操作しながらも進んでいくことのできるわかりやすいものです。そして、FacebookやInstagram、YouTubeとの連携もスムーズです。

> Chapter **7**

動画広告を
さらに拡散させる
方法

動画広告は、無料でできる自社メディアへの発信と、そこからさらに
多くの人たちに広告を届けたいときに有効な有料メディアへの発信
があります。それは、無料メディアでは届きにくいターゲットに向け
て、費用をかけて YouTube や Facebook などの SNS に動画広告を打
つ方法です。本章では、その有料メディアへの展開を考えるときのノ
ウハウを見ていきましょう。

Section **01**

有料メディアで動画広告を発信し、新しい領域で顧客を作る

SNSに動画広告を投稿する

　有料の動画広告と聞くとTVCMを思い起こす人も多いでしょう。けれども、TVCMを出すには、莫大な費用がかかります。そこまで広告費をかけられない個人事業主や中小企業の中には、動画広告を出すのをあきらめていた人も多かったのではないでしょうか。しかし、デジタル広告の出現により、今や個人でも世界中に手軽に広告を打つことができるようになりました。

　Chapter 2で動画広告を打つ相手を恋人にたとえ、ファンや既存顧客に向けて、無料の自社メディアで発信する方法をお伝えしてきましたが、それは自社に興味のあるファンや既存顧客を中心に考える広告でした。もちろん、自社メディアをしっかりと活用しての打ち出しには一定の効果はありますが、「反応が弱い」「ファン数が伸びない」「サイト誘導ができない」などの悩みが出てくるのも事実です。

　そこで、次の打ち手として考えたいのが、さらに多くの人に情報を届けられる、有料メディアへの発信です。特に効果があるのがYouTubeやSNSへの広告発信で、自社メディアでの悩みの多くをすぐに解決することができます。なぜならSNSの広告出稿では、「ファン（フォロワー）の獲得」に集中したり、投稿に「いいねやコメントをもらう」ことや「自社サイトへの誘導」など、目的に応じた広告を発信できるので、より高い効果を期待できるからです。

無料メディアと有料メディアの特徴と役割

メディアへの展開を考えるときには、その動画広告が目指す目的や対象とするペルソナによって選択するメディアが変わってきます。SNSごとの特徴やユーザー属性も見ながら、投稿するメディアを選ばなくてはいけません。

たとえば、動画広告を出す目的が見込客への直接的な効果を目指すのであれば、TrueViewインストリーム広告が、よりビジネス色の強いサービスであれば、Facebookが重要な役割を果たしますし、おしゃれなケーキ屋さんやジュエリーショップなどの集客目的であれば、Instagramへの展開を考えるべきです。また、認知拡大を目的とするならば、バンパー広告を複数発信していくことも効果があります。

図7-1　メディアごとの最適なターゲット

動画広告というと、多くの人がYouTubeを思い浮かべるかもしれませんが、SNSで配信される動画広告のほうが、ターゲティングの精緻さやユーザーの属性を捉えたメディア戦略ができるため、視聴者の印象に残る効果があるともいわれています。

　なかでもFacebookは実名でのプロフィール登録制のため、名前や出身地、年齢、趣味・嗜好までもわかり、そのデータをもとに広告を出し分けられるので、より精度の高い広告を出すことができます。またTwitterはユーザーのツイートに出てきたキーワードをデータとして広告を出し分けたりします。

　SNSに動画広告を出稿するメリットは、**多くのユーザーに拡散される可能性があるから**です。動画広告を見て心の変化を起こしたペルソナが、誰かにそれを共有したくなって「シェア」をし、広告効果を高めてくれるわけです。それは、TVCMなどのマスメディアでは情報を届けるのが難しい若年層にも影響力が大きいのです。

　拡散といえば、ユーザー数が多くてリツイートやリプライ機能のあるTwitterの影響力は大きいです。実名登録のFacebookとは違い、Twitterは気軽に趣味や趣向の合う他人をフォローするつながりなので、比較的動画広告の拡散がしやすいです。LINEはユーザー数は非常に多いものの、1対1でつながる特徴があります。また、Facebookもそうですが、Instagramは広告を活用することで、一段とリーチを増すことができます。さらに、タイムライン投稿にハッシュタグが追加されるなど、今後、発見されやすさに加え、ユーザー参加型のキャンペーンなど、拡散という点でも注目したいSNSとなっています。

　このように、SNSでの動画広告といっても、ユーザーの属性はそれぞれ異なります。これを知らないと、あなたの商品やサービスを本当に伝えたいペルソナに届けることができず、せっかくの動画広告も効果を発揮できなくなります。

　あらためてまとめると、FacebookとLINEは性別も年齢も問わず、幅広い利用者がいるSNSで、かつ細かいターゲット設定が可能です。特に

Facebookは、学歴や職歴など細かい設定ができるため、より狙いたいペルソナにアプローチすることができます。Twitterは10代・20代の若者の利用が多く、若年層へアプローチしたい商品やサービスに効果があるといえます。同じく若年層でもInstagramは女性の割合が高いことが特徴で、美容やファッション、食品など、ビジュアル的な魅力を伝える目的での動画広告に適しています。

動画サイズも、縦横比が16：9の一般的なサイズもあれば、Instagramのように1：1のスクエア型など、SNSによって異なりますし、課金方法もSNSの契約も違ってきます。このようにSNSに動画広告を出稿するときには、各SNSの出稿の仕方を理解して利用するようにしましょう。

実際、いくらくらいの予算が必要なのか？

動画広告というと、YouTubeの動画を見る前に突然現れるインストリーム広告やバンパー広告、Facebook、Instagram、TwitterなどのSNSのタイムライン上に流れる「フロー型」の広告が代表的なものです。

ファン向けの無料メディアでは、動画広告を何本も財産として蓄積していける「ストック型」の広告でしたが、有料の広告では偶然出会い、一度見たら消えてしまう「フロー型」の広告になるので、よりインパクトを考慮したコミュニケーションが必要になります。

広告の料金は、Facebook、Instagram、Twitterの広告メニューでは、1日当たりの最低出稿金額は100円と定められているなど、手軽な値段で始めることができます。

それでは、広告にいくらくらいかければその効果が出てくるでしょうか。会社やお店の規模にもよりますが、Facebookでファン獲得を目的とした広告を打つとしたら、一人のファンを獲得するのに、大まかな計算ですが1日当たり150〜400円の費用がかかるといわれています。

ポイントは、最初から多額の費用をかけるのではなく、月額数千円から始めて**広告の反応を確認しながら徐々に増額していく**ことです。個人事業

主の人なら数千円から数万円、中小企業ならば数万円から10万円程度から始めるのがひとつの目安です。

有料メディアを使って何をしたいのか？

　動画広告を有料メディアに発信する前に決めておきたいのが、**動画広告を出す目的**です。個人事業主や中小企業の宣伝担当の人が、SNSの動画広告で設定するべき目的は大きく2つに分けられます。見込客を獲得するという直接的な効果を狙うのか、自社の持つSNSアカウントをはじめとして多くの人に知ってもらうブランド認知拡大を目指すのかです。

■①見込客の獲得
　動画広告を見ることによって、その商品・サービスのことを知ればお客さまになる可能性の高い見込客の獲得です。商品購入や申込みなどができる自社のサイトに誘導するなど、直接的な効果を目的とする活用法です。

■②ブランド認知拡大
　動画広告を見て知ってもらうことです。直接的な効果というよりも、好きになってもらうことが目的です。ファンの獲得でもあります。

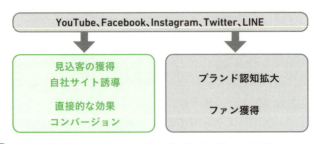

図7-2　本章で達成したい有料メディア（SNS広告）での目的

　大企業の場合、不特定多数の人を対象に広告を打ち、「ブランド認知拡

大」や「新規顧客の獲得」を目指しますが、個人事業主や中小企業の場合には、自社の商品やサービスに無関心な層をターゲットにして動画広告を打つのではなく、興味を持ってくれそうな「見込客」を対象に動画広告を打つほうが効果的です。

なぜなら、見込客を対象にしたほうが、あなたの会社の商品やサービスにふさわしいペルソナを設定することができるからです。その上で、各SNSのメディアごとにファンを増やしていくようにしましょう。

有料メディアでの動画広告の露出場所とは？

動画広告を有料メディアで発信してみたいと思ったときにまず気になるのが、どのメディアに動画を流せば良いのか、ということです。具体的なメディア特性がわからずに、何となく今流行っているから、などという理由でメディアを決めてしまうと、結局ほとんど効果が出ずに終わってしまいます。

図7-3では、主要なSNSごとの動画広告を作るときに気を付けたいクリエイティブポイントをまとめました。たとえば、YouTubeのバンパー広告やTwitterなどの短尺の動画は認知拡大を図る際に効果的です。一方でYouTubeのTrueView広告やFacebook、Instagramなどは、比較的長尺であり、見込客の獲得や自社サイト誘導など、お店や会社への直接的な効果（コンバージョン）のために活用すると効果を発揮します。また、各メディアに訪れる視聴者の心理によってもクリエイティブの配慮も変わります。図7-3を参考に、より効果的な媒体を選ぶようにしましょう。

	YouTube		Facebook	Instagram		Twitter	LINE
	TrueView	バンパー		フィード	ストーリーズ		
動画の尺（最大）	無制限	6秒	120分	60秒	15秒	10分	60秒
ユーザー層	10～50代と全世帯に幅広い		30～50代ビジネス使用も	● 10～30代女性 ● 男女比接近中		10～30代	10～50代と幅広い
視聴者心理	動画コンテンツが見たい		友だちのフィードが見たい	素敵な画像が見たい おしゃれなトレンド情報が知りたい		トレンド情報を受発信したい	ニュースを見るような感覚
動画スタイル（推奨）	9：16横長	9：16横長	9：16横長	1：1正方形	16：9縦長	9：16横長	9：16横長
クリエイティブポイント	● ペルソナの心を変化させる ● 数秒で心をつかみスキップさせない ● 1動画1メッセージ ● 目的を伝える簡潔なコピー ● 直接、友だちのように呼びかける	● スキップされない完全視聴を前提にする ● 強い1メッセージ ● 複数展開	● つかみの数秒でインパクト ● 無音でもわかるテロップを ● 商品やロゴをしっかり出す ● 画像内テキストの表示を20％以下にする	● おしゃれさ、今っぽさ、ビジュアルを重視 ● ビジネストークは避ける ● テキストは最小限に ● ストーリーズは縦型動画のみ		● つかみの数秒でインパクト ● 無音でもわかるテロップを ● 商品やロゴをしっかり出す ● イメージカラーで目を惹く	● ニュース記事のようなシンプル広告 ● TVCMのような広告は避ける ● 個人間ツールであることを踏まえ、友だちに語りかけるような表現を心がける

※YouTubeでは15秒間強制視聴させるインストリーム広告も登場している

図 7-3 SNSごとの動画広告を作るときに気を付けたいクリエイティブポイント

Section **02**

適切なキーワードを入れて
多くの人に情報を届ける

▎タイトル、説明、タグ付けなど詳細設定はしっかりと

　アップロードした動画広告は、多くの人に見てもらえるように、**タイトル、説明書き、タグ付けはしっかりとしましょう。**

　タイトルについては、広告の目的、変化させたいペルソナの意識、そこから発想したキャッチコピーをタイトルに付けましょう。商品やサービスがまったく新しい場合は、その名称を入れることを意識してください。

　説明についても、あまり情緒的な文章にするというよりは、検索にひっかかるように、その商品やサービスに必要なキーワードをしっかり入れて、なおかつ気になる言葉を意識して構成してください。説明の項目はPCでもスマホでも冒頭の上部2行でしか表示されないので、冒頭に気になるキーワードを使う配慮をしましょう。ここでは自社サイトへの誘導もできるので、この2行の中にURLを入れ、アクションを促すことも意識しましょう。

　タグは視聴者には表示されませんが、タイトルや説明同様、検索や関連動画に影響する重要な情報となります。ここでは商品名やサービス名称だけではなく、使用方法や効果など、それから生まれてくる価値を考え、幅広いキーワードを設定して、多くの人に視聴してもらえるようにしましょう。

タイトル入力の例（上段）：新規性のある名称のため商品名を立てる
説明の例（下段）：キーワードとなるワードは網羅して商品の説明を入れる

商品名から効果まで、関連ワードを入れる

関連キーワードを知る方法

　動画広告のキーワードですが、商品名やサービス名、ジャンルなどでいくつかキーになる言葉を選択して、今流行りの関連ワードを検索する方法があります。
　このとき一番簡単なやり方が「Google検索」です。キーワードを入れて検索をすると、関連キーワードが検索窓の下に出くるので、それを参考にします。たとえば、「簡単ダイエット」と入力すると、関連するキーワードとして「お腹」「運動」「食事」「自宅で」「短期間」などが出てきます。

世の中の人の「簡単ダイエット」に求める声が聞こえてきます。

　キーワードを知るもうひとつの方法として、「**キーワードプランナー**」を活用する方法があります。Google広告にアクセスすれば、「キーワードプランナー」という関連ワードを導き出してくれる無料ツールがあります。「簡単ダイエット」と入力すると、すぐに500以上の関連ワードが見つかり、それぞれがどれだけのボリュームかもわかるので、キーワードの強度も教えてくれます。

Google検索で「お腹」「運動」「食事」「自宅で」「短期間」と関連ワードが表示される

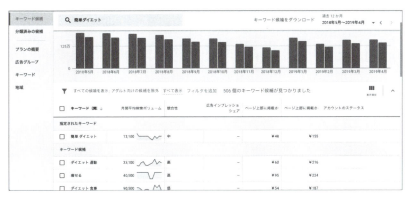

キーワードプランナーを使うと、「ダイエット 食事」「ダイエット 運動」「やせる」など関連ワードとキーワードの強度を教えてくれる

　また、YouTube検索に同様の動画広告のキーワードを入れてみて、視聴回数の多い動画タイトルを参考にすることもひとつのやり方です。これは

検索したあとに、画面右上にある［フィルタ］をタップして「視聴回数」をチェックして並べ直すと、その関連ワードで視聴回数が多い順に動画を見ることができます。上位から順番に「痩せすぎ注意」「1日3分」「13日で8kg」「脚やせ3分」など、つかみで注目させるキーワードとしては、インパクトや数字を前面に押し出すタイトルの傾向があることを知ることができます。ただし、広告として信頼されるワードにする配慮は忘れないようにしましょう。

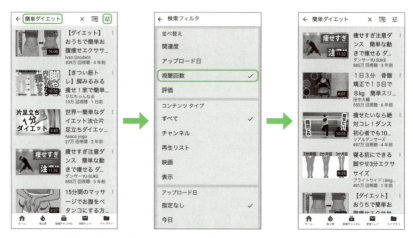

YouTube検索で「簡単ダイエット」の参考キーワードを知る

サムネイル画像にも気を配る

動画の内容をイメージさせてくれる看板的な役割を果たすサムネイル画像も、人物や商品を大きく配置したり、テロップを大きく明確にしたりするなど、工夫して最適なものにしていきましょう。YouTubeの初期設定としては、自動的に3タイプのサムネイル候補が作られるので、その中からよりイメージに近いものを選択してください。自分のイメージ通りのサムネイルにしたい場合は、いくつかの条件をクリアしてオリジナル画像を採用できる「カスタムサムネイル」機能というものがあるので、条件を満た

すようにしていきましょう。

　なお、YouTubeには「クリエイターアカデミー」という初歩から活用法を学べるサイトがあり、トータルなクリエイティブスキルを学ぶことができます。

YouTubeのサムネイルの例：初期設定は3タイプから選択。商品、タイトル、URLなど、必要情報が掲出されている画像を選択する

「YouTubeクリエイターアカデミー」の画面
URL https://creatoracademy.youtube.com/page/education?hl=ja

Section **03**

YouTubeの動画広告の特徴

動画広告の発信はYouTubeを軸に考える

　日本国内のSNS総利用者数は7,523万人（2018年：普及率75%）（ICT総研調べ）にものぼり、YouTube、Facebook、Instagram、Twitter、LINEなどのSNS広告の価値はより重要なものとなってきています。

　なかでもYouTubeは世界No.1の動画メディアであり、日本のオンライン動画の全視聴者の9割がYouTubeを視聴しています。したがって、自社サイトの動画広告を掲載するのはもちろんのこと、動画広告を有料メディアに展開する際にも、最初に候補とすべきプラットフォームといえます。

　YouTube動画広告にはいくつかの種類があります。個人事業主や中小企業の宣伝担当の人が選ぶべき目的に応じた配信フォーマットで考えると、①TrueViewインストリーム広告での「見込客への直接効果」を狙うものと、②バンパー広告でのより多くの人にリーチし（届けたい）「認知拡大」を狙うものに分けられます（各配信フォーマットの詳しい説明は後述）。

最初の3秒で興味を惹き、親近感のあるメッセージを

　YouTubeにはさまざまな属性のユーザーがいますが、その中の届けたいターゲットに対して直接、動画広告で訴求できるという利点があります。

　視聴者はYouTubeの動画を見に来ている人たちなので、視聴態度は能動的です。長い動画も見る傾向はありますが、まずはつかみの3秒で興味を惹けるかが肝心です。「皆さん」ではなく、友だちのように「あなた」と呼びかけるなどの親近感も意識しましょう。

YouTubeの動画広告を活用するメリット

YouTubeの動画広告を活用するメリットとして、次のようなことが考えられます。

● 見込客の獲得

商品やサービスについて、ターゲットが自分ごと化できる動画広告を流し、実際にそれを使っている様子を想像しやすくなります。そして商品やサービスのファンになってもらうことで、将来的な購入につなげるのです。

● ブランドを認知させることができる

動画広告でターゲットの興味を惹き、商品やサービスのブランドを認知させることができます。ただし、認知させるためにはインパクトある、斬新なアイデアも必要となります。

● 商品やサービスの購入促進

動画広告を見て詳しく知りたい人は、動画内のリンクからサイトにすぐにアクセスできます。TVCMと比べて興味・関心を持ったら即座に商品やサービスの購入を促すことができるのが利点です。

YouTube動画広告の費用・課金形態

YouTube動画広告の課金形態は、主に図7-4の通りです。

広告の種類	課金方法
TureView インストリーム広告（CPV）	• ユーザーがスキップせずに30秒間（30秒未満の広告の場合は最後まで）視聴するか、30秒経過する前に広告を操作した場合に課金される • 30秒経過する前にユーザーが広告をスキップした場合は課金されない
バンパー広告（CPM）	広告が1,000回表示されるたびに課金される
TureView ディスカバリー広告（CPC）	ユーザーが検索結果でサムネイルをクリックし動画広告を視聴した場合のみ課金される
アウトストリーム広告（CPV）	動画広告の面積の50%以上が2秒以上視聴された場合に課金される

図7-4 YouTube 動画広告の課金方法

YouTube動画広告の入札

　YouTubeの動画広告の出稿はオークション（入札）で決まります。そして課金条件を満たさなければ費用が発生しません。入札は1回の視聴に対して支払う金額の最高限度を設定します。この金額を上手に調節することで、動画広告の視聴回数を効率的に増やすことができます。

YouTube動画広告のフォーマット

　YouTubeで利用できる広告フォーマットにはさまざまな魅力的なものがありますが、あなたが最初に打つ動画広告は、低予算で始められて動画が自動再生するスキップ可能な「TrueViewインストリーム広告」と、動画を6秒間見せることができる「バンパー広告」が良いでしょう。それぞれについて詳しく見ていきます。

■TrueViewインストリーム広告
　TrueViewインストリーム広告は、本編動画の再生前か再生中、または再生後のどこかに動画広告が現れます。再生開始5秒でスキップボタンが

現れ、興味を惹かなければスキップされてしまいますが、必ず5秒間は見てもらえます。料金が発生するのは30秒以上視聴された場合（30秒以下の動画広告は終了段階）か、広告をクリックした場合になります。これは、現在最も多く使用されている動画広告のフォーマットで、本編動画のどのタイミングで配信するかは目的に合わせて設定できますが、利用者の80%の人が、本編動画の再生前に広告が出現するタイプを選んでいます。

　TrueViewインストリーム広告にかかる費用は、10〜30円程度の入札から始めてみると良いでしょう。よりニッチなターゲティングを行っている場合は低めの入札でも何度も動画広告が配信される可能性も高いのですが、逆に競合が多いターゲティングの場合は入札も高めにかけていかないと配信されにくくなる可能性があります。たとえば、1日500円を上限に設定しても、1カ月にかかる費用は1万5,000円と安価です。投稿期間の変更や停止も自由にできるので、まずは安い設定から試して適正化していきましょう。

■バンパー広告

　バンパー広告は、TrueViewインストリーム広告と同様、他の動画の再生前・再生中、または再生後に再生される広告タイプです。TrueViewインストリーム広告と違う点は、最大6秒間しか流れないということです。ただし、途中でスキップできず、最後までメッセージを伝えることができるため、短い中でも商品やサービスのアピールをしっかりすることができます。

　バンパー広告は、TrueViewインストリーム広告とは料金体系が異なり、「インプレッション単価制」となります。インプレッション単価制とは、表示回数が1,000回に到達した時点で広告料が課金される仕組みで、多くのインターネット広告で採用されている課金方式です。

　また、バンパー広告は、自分で費用を想定し入札をするものになります。入札なので高額ならば当然多くのユーザーの目に届く可能性が生まれます。そのためバンパー広告は、低額から始められるものの、かかる費用の目安は一概にはいえません。インストリーム広告と同様に、まずはあなた

がかけられる費用を設定して入札し、効果を見ながら調整していくことで、費用の目安をつけていきましょう。

TrueViewインストリーム広告、バンパー広告以外にも動画広告の設定のできる広告フォーマットがあります。目的によっては、あなたのお店や会社では必要ないかもしれませんが、簡単に紹介しておきます。

■TrueViewディスカバリー広告

TrueViewディスカバリー広告は、ユーザーが動画を検索している検索結果画面に表示されるのが特徴のフォーマットです。

■アウトストリーム広告

YouTube広告のアウトストリーム広告は、モバイル（スマホやタブレットなど）専用の広告フォーマットです。アウトストリーム広告は外部のWebサイトやアプリなどYouTube以外のGoogle動画パートナーサイトに表示できるのが特徴です。ここでの表示形式は、モバイル上のバナー広告と同じ場所に表示される「モバイルウェブ形式」、モバイルサイトやアプリ内のコンテンツ間に表示される「インフィード形式」、モバイル画面全体に広告表示される「フルスクリーン形式」があります。

動画広告キャンペーンを作成する

ここでいうキャンペーンとは、YouTubeのさまざまな広告出稿の種類であるキャンペーンの中から、動画広告キャンペーンを選択して作成することをいいます。キャンペーンの目標が用意されているので、自社の目的に合わせて「見込み顧客の獲得」や「ウェブサイトのトラフィック」など数種類の目標を簡単に選定することができます。予算設定やさまざまなターゲティング、利用する動画広告フォーマットも決めることができるので、不安なく動画広告の投稿を行うことができます。

YouTubeに動画広告を出稿する前に確認すること

YouTubeに動画広告を出稿する際には、次のことに注意してください。

- YouTubeの動画広告の入稿規定
  - ファイル形式……「.MOV」、「.MPEG4」、「.MP4」、「.AVI」、「.WMV」、「.MPEGPS」、「.FLV」、「3GPP」、「WebM」、「DNxHR」、「ProRes」、「CineForm」、「HEVC（h265）」
  - 最大ファイルサイズ……上限なし
  - 最小解像度……2160p：3840x2160、1440p：2560x1440、1080p：1920x1080、720p：1280x720、480p：854x480、360p：640x360、240p：426x240
  - 縦横比……16:9
  - 長さ……時間制限なし（バンパー広告は6秒）

YouTube動画広告の出稿手順

　動画が完成したら、それを広告として設定してYouTubeに公開します。YouTube動画広告を出稿するには「YouTubeアカウント」と「Google広告アカウント」が必要になるので、あらかじめ取得しておきましょう。

　なお、YouTube動画広告を出稿するためには広告用の動画がアップロード済みでなければなりません。まずは広告用に作成した動画をYouTubeにアップロードしておきましょう。動画のアップロードはスマホのYouTubeアプリやYouTubeのWebページから行うことができます。

　YouTubeへの動画のアップロードが終わったら、YouTubeの動画広告をGoogle広告から作成します。YouTube動画広告の作成は、残念ながらスマホからはできません。PCからGoogle広告（https://ads.google.com/intl/ja_jp/home/）にログインしてください。

① Google 広告にログインし、[ツール]をクリックし（❶）、[エキスパートモードに切り替える]をクリックします（❷）。

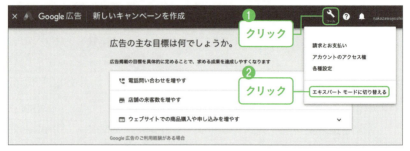

② 再度確認が出るので、[エキスパートモードに切り替える]をクリックします。

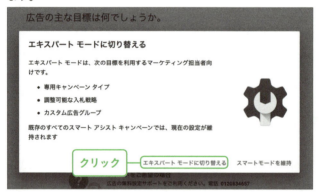

> **Memo** Google 広告の初期設定
>
> Google 広告の初期設定では「スマートキャンペーン」という状態になっているので、そのままでは動画が投稿できません。最初に一手間ありますが、ここでつまずくと先に進めなくなるので、しっかりと切り替えを忘れないようにしましょう。

③ キャンペーン画面になるので［+］をクリックします。

④ プルダウンメニューが表示されるので、［新しいキャンペーンを作成］をクリックします。

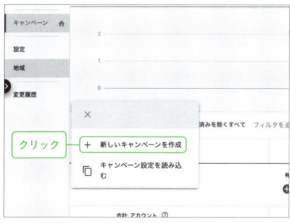

⑤ 「このキャンペーンで達成したい目標を選択」画面になります。ここでは、インストリーム広告を投稿するとして、「見込み顧客の獲得」を選択してみます。なお、バンパー広告を投稿予定ならば、「ブランド認知度とリーチ」を選択しましょう。

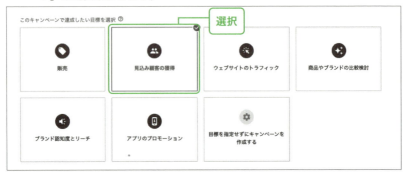

> **Memo** 目標の説明
>
> 各選択画面をクリックすると、それぞれの特性の説明が出るので参考にしてください。

⑥ キャンペーンタイプを選択から［動画］を選択し（❶）、［続行］をクリックします（❷）。

⑦ キャンペーンの名前を入力（❶）、予算タイプを設定し（❷）、キャンペーンの開始日と終了日を設定します（❸）。

> **Memo** キャンペーンの名前
>
> キャンペーンの名前は広告の管理名の入力で複数の広告を配信する場合もあるので、わかりやすい名称にしましょう。

> **Memo** 予算タイプの設定
>
> 1日に使う平均金額の入力か、「キャンペーンの合計」でキャンペーンの合計予算を指定します。予算の配信方法を「標準」に設定すると、予算を均等に配分できます。「集中化」に設定すると、予算がより速く使われます。後者の場合、予算が早い段階で消化されてしまう可能性があります。初期投稿ならば「標準」から設定し、目的に応じて変更を検討しましょう。

> **Memo** Googleの自動審査
>
> すぐに動画広告を配信したくても、広告がGoogleの自動審査で承認されなければ配信できません。審査はほぼ1営業日以内に完了となります。動画広告は配信スケジュールよりも余裕を持って作成しましょう。

⑧ 入札戦略を「コンバージョン数を最大化」または「目標コンバージョン単価」に設定し、入札単価を設定します（❶）。目標コンバージョン単価を使用している場合は、目標金額を設定します。ネットワークは、YouTube動画を選択します（❷）。ユーザーの言語とターゲットに設定する地域を選択します（❸）。たとえば店舗が大阪のみなら大阪地域に限定して配信、インバウンド向けに海外のユーザーに向けた広告ならば言語を変更するなど選択します。

デバイス	・PC、モバイル、タブレット、テレビ画面など、ユーザーの利用しているデバイスによる表示の有無を設定できる ・デバイスで使用されているOSの種類、端末の型（iPhone、Androidなど）、通信事業者を選ぶことができる
フリークエンシーキャップ	同じユーザーに同じ広告が過剰に表示されることを防ぐ設定を追加できる
広告のスケジュール	キャンペーンの開始日と終了日のほか、特定の曜日や時間ごとに広告配信の有無を細かに設定することができる

図7-5 その他の設定事項

⑨ 広告グループ名を入力します。世代、性別、地域など、わかりやすく管理できる名称にしましょう。

⑩ どのようなユーザーに広告を表示させたいかを設定します。性別や年齢、子供の有無をはじめ、興味や関心、動画リマーケティングを設定可能なほか、キーワード、トピック、プレースメントという項目でターゲティングもできるなど、コンテンツに関連性の高い広告として投稿されるように細かく設定を絞り込むことが可能です。たとえば、「ユーザー属性」を開くと次のような画面になります。各項目をチェックして設定します。

ユーザー: リーチする対象 オーディエンス、ユーザー属性のいずれか、または両方を定義します		
ユーザー属性	年齢指定なし、性別指定なし、子供の有無は問わない、世帯収入の制限なし	⌄
オーディエンス	すべてのオーディエンス	⌄

コンテンツ: 広告を表示する場所 キーワード、トピックまたはプレースメントでリーチを絞り込みます		
キーワード	任意のキーワード	⌄
トピック	トピック指定なし	⌄
プレースメント	任意のプレースメント	⌄

ユーザー属性

年齢や性別によるターゲット設定を選択してください ⑦

各項目をチェック

性別	年齢	子供の有無	世帯収入
☑ 女性	☑ 18〜24才	☑ 子供なし	☑ 上位 10%
☑ 男性	☑ 25〜34才	☑ 子供あり	☑ 11〜20%
☑ 不明 ⑦	☑ 35〜44才	☑ 不明 ⑦	☑ 21〜30%
	☑ 45〜54才		☑ 31〜40%
	☑ 55〜64才		☑ 41〜50%
	☑ 65才以上		☑ 下位 50%
	☑ 不明 ⑦		☑ 不明 ⑦

⚠ 注: 世帯収入によるターゲティングは一部の国でのみご利用いただけます。詳細

⑪ 広告として配信する YouTube 動画を指定します。動画を検索して選択するか、直接動画がアップされている先の URL を貼り付けます。

⑫ URL を貼り付けると、次のような YouTube 動画広告のプレビュー画面になります。最終ページ URL（❶）、表示 URL（❷）、行動を促すフレーズ（❸）、広告見出し（❹）をそれぞれ入力します。

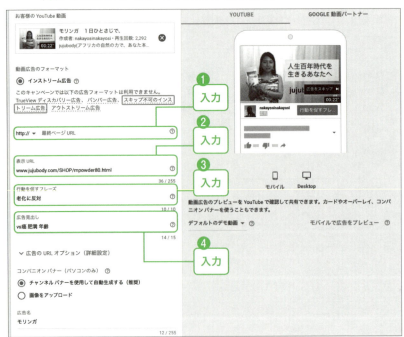

項　目	入力のポイント
最終ページURL	広告をクリックしたユーザーに表示するランディングページのURLを入力する
表示URL	最終ページURLの短縮版か同じで良い
行動を促すフレーズ	・全角5文字（半角10文字）以内で入力 ・短くエッジのある言葉で最終ページのURLに指定したサイトにユーザーを引き込めるものを付ける ・相手を変化させる言葉を5文字で ＜例＞翼を授ける
広告見出し	・全角7文字（半角15文字）以内で入力 ・商品やサービスを宣伝する、最もユーザーの目にとまりやすい内容にする ・一番のメリット・キーワードを7文字で ＜例＞結果にコミット

図7-6　詳細情報の入力

(13) コンパニオンバナーはYouTubeチャンネルの動画から自動生成される画像を選択するか（推奨）、手動で画像のアップロードを選択し（❶）、［保存して次へ］をクリックします（❷）。

(14) 正しい入力なら「キャンペーンの準備が整いました」という表示が現れ、[キャンペーンに進む]をクリックすると設定内容の動画広告が配信されます。

キャンペーンの準備が整いました。

キャンペーン設定の確認

📅 広告承認日	キャンペーンの目標 見込み顧客の獲得	広告枠のタイプ 標準広告枠
📍 日本	入札戦略	
🅧 すべての言語	コンバージョン数の最大化	

① 広告グループ ① 広告 ⌄

[キャンペーンに進む] ← **クリック**

(15) 作成したYouTube動画広告はGoogle広告の管理画面で確認や変更、配信停止などをすることができます。

　YouTube動画広告の投稿は、最初の「エキスパート」モードに切り替えるところを間違えなければ、比較的スムーズに進められます。電話でのオペレーターによるサポート（Google広告　0120-752-655）も行っているので、わからなければ問い合わせてみましょう。

! Point

YouTube動画広告のクリエイティブポイント

- 数秒で心をつかみスキップさせない
- あなたと呼びかけるなど親近感を醸成する
- 1動画広告1メッセージとする
- コピーは目的を伝える完結なものに
- バンパー広告は何種類も打つと効果的

Section **04**

Facebookに動画広告を出稿する

Facebookの動画広告の特徴

Facebookは実名登録のため、動画広告は**細かくターゲット選定をして配信すること**ができます。サイトへの誘導や「いいね」獲得など、使い方の幅が広い点も魅力です。

さらに、タイムラインで自動再生されるので、動画を見ようと思っていない人にも見せることができ、高視聴回数が期待できます。ただし、自動再生は無音なので、導入部分にインパクトを持たせ、動画は短く15秒以内にするなど、興味を惹く工夫が必要になります。15秒以内の動画はInstagramストーリーズとFacebookインストリーム動画（大画面で表示できるタイプの広告）でも配置することができます。

さて、ここまで動画広告の作成方法は横型で紹介してきましたが、スマホで動画を見る際には縦にして見る人が多いため、そうした人のことも考え、縦型または正方形にして動画を作ることも考慮します。

また、テロップの画面占有率の20%ルール（207ページ参照）により、字幕などの出し方にも制限があります。これについてもしっかりと押さえて効果的な動画にしましょう。

Facebookは直接アップするネイティブ動画が有利

Facebookでは、YouTubeなどの動画プラットフォームにアップされたものをFacebook上にシェアしたものではなく、Facebookに直接アップロードされた動画＝**「ネイティブ動画」を優先的に提示するアルゴリズム**

Chapter

1
2
3
4
5
6
7
8

動画広告をさらに拡散させる方法

が図られています。このことは数字にも現れており、ネイティブ動画広告は、シェアしたYouTube動画と比べてコメント数やシェア率でも約5倍の増加となります。したがって、Facebookの動画はネイティブ動画をアップするように心がけましょう。

Facebook動画広告の配信場所はFacebookだけではない

Facebook動画広告は、Facebookがサービスを提供しているMarketplace、Messengerへの広告配信、Audience Networkに登録されているアプリやサイト、Instagramのフィードやストーリーズへ出稿することができます。

詳細なターゲティングに加え、人気のメディアと連携して広告を出せる点がFacebook動画広告の強みです。

Facebookで動画広告を出す2つの目的

Facebookで動画広告を出す目的は、大きく2つあります。

1つ目は、Facebookページのファンを獲得することです。大企業のFacebookページでは何万人というファン数で効果が期待されますが、個人事業主や中小企業での、数十人や100人程度では効果は皆無といっても良いでしょう。したがって、ファン数を増やすことが第1の目標になります。

2つ目は、動画広告そのものをFacebookにいる見込客に届けることです。数年前までは普通にFacebookに投稿するだけで一定の人に情報が届きましたが、現在はFacebookには独自のアルゴリズムがあり、広告の利用なしには多くの人に情報が届きにくくなっているのが現実です。したがって、Facebookを利用する場合は、数百円程度の出費で十分に効果を出すことができるので、費用をかけて広告を出すことをお勧めします。

Facebookの動画広告を活用するメリット

Facebookの動画広告を活用するメリットとして、次のようなことが考えられます。

● 細かくターゲティングができる

Facebookの動画広告は、精度の高いターゲティングをすることが可能です。性別や年代だけでなく、趣味やつながりから詳細にターゲットの設定をすることができるため、とても効率的に動画広告を配信することができます。

● タイムラインで自動再生される

Facebookの動画広告の特徴は、タイムラインをスクロールして広告の場所になると、動画が自動再生されます。そこで興味を惹くことができれば引き続き見てもらうことができます。これはクリック再生での動画広告よりも視聴されやすくなるメリットがあります。

● 広告予算を自分で決められる

Facebookの動画広告はオークション形式です。1日当たりの広告予算を自分で設定できることで、比較的低予算から広告の運営を行うことが可能です。また、キャンペーンごとに上限予算を設定することができるため、予算オーバーを事前に防ぐこともできます。

● 二次的な拡散効果を狙える

動画広告を見た人が「いいね！」などのアクションを起こすと、その友だちのタイムラインにも拡散されます。Facebookの動画広告は拡散性が高く、性別、年齢、地域などが近いユーザーへ効率的に配信することが可能です。

- デバイスではなく、人ベースで行動履歴を分析できる

　Facebookの動画広告は、デバイスが複数にまたがった場合もターゲットの行動履歴を把握可能です。Facebookはさまざまなサービスとログイン連携しているため、人ベースの分析手法が実現できるのです。

- 多くの種類の広告がある

　Facebook広告には、動画広告と連携できる多彩な種類があります。目的に応じて幅広いチャレンジを1つのメディアで実施することができ、「認知度」「検討機会」「コンバージョン」という3つの目的設定と、さらに合計12種類に分類されており、さまざまな目的に合わせた広告を作ることができるようになっています。

Facebookでの動画広告の効果を上げる5つのポイント

　動画広告は多くの情報を伝えることが可能ですが、ターゲットの興味を惹きつけて、動画を最後まで見てもらうのはなかなか難しいことです。そこで、Facebookの動画広告を成功させるために知っておいてほしい5つのポイントを紹介します。

■①対象は大きめに映す。画面サイズを意識した広告に

　Facebook Japanの発表によると、日本のFacebook利用者の約92％がスマホ利用者なので、画面サイズもスマホで見やすい形に調整する必要があります。引いた広い画だと、小さすぎて対象がわからない可能性があります。特にスマホだと動画が小さく見えるので、映したい対象は寄りで大きめ

ボトルのふたを蹴り開ける!? 空手・植草歩が流行りのボトルキャップチャレンジに挑戦してみた！

URL https://www.facebook.com/Yeahhhsports/videos/2328502573937075/

にアピールしましょう。画面は、ターゲットや目的次第で縦型を選択するようにします。

企業サイトでの紹介になりますが、ヤースポーツのFacebookページで動画広告のスマホ向けの縦長の動画と、PC向けの横向きの動画を使い分けています。たとえば、「ボトルのふたを蹴り開ける!? 空手・植草歩が流行りのボトルキャップチャレンジに挑戦してみた！」では、ペットボトルをアップで映し、そのふたをけり開けるという画像サイズを意識した動画を撮影しています。

■②つかみの数秒でインパクトを残し、15秒以内の短い動画に

最近では、動画広告も自社サイトに掲載し、これをFacebookのフィードに共有する、といった形で動画広告を掲載することも多くなっています。そのため、Facebook向けに動画を編集し直して掲載することは少ないようです。

そこで動画そのものを、**15秒以内でインパクトを与え、あとはたとえ視聴してもらえなくても構わない**、といった割り切った作り方をしているものも見受けられます。

たとえば、マーケティングにSNSをうまく利用していることに定評のあるローソンでは、Facebookのニュースフィードにも動画広告を掲載しています。この動画広告は、InstagramやLINEなどでも同じ動画広告を掲載しており、さらにHPにも掲載されています。

テレビCMなどでも同じCMを流すため、ニュースフィードに掲載され

ローソンのキャンペーン用動画広告
URL https://www.facebook.com/lawson.fanpage/videos/514828175924078/

る動画広告も長くなりがちですが、同社の広告は最初の数秒を視聴するだけで、すぐにどのようなキャンペーンの告知なのかがわかります。効率的な動画を作成し、これをFacebookだけでなくさまざまな媒体に掲載することで、より大きな効果を出している事例といえます。

■③ターゲットの共感を意識した動画制作を

　Facebookで動画広告が支持を得るためには、ターゲットの共感を得る必要があります。そのためにはターゲットの課題を解決する共感しやすい動画を作ることです。たとえば、マクドナルドが展開する「ウーバーイーツ」の動画広告は、夏、暑さ、家、デリバリーといったキーワードをもとに、暑い夏は家にハンバーガーをデリバリーして楽しもう、と動画で訴えています。まさにこの動画広告を視聴するターゲットに共感を抱かせる動画です。投稿の最後に「詳しくはブログで」といった導線を置くことで、広告を視聴したユーザーの行動を調べられるといった工夫もなされています。

#バーガーインザハウス 男性編
15秒 | Uber Eats

■④動画の中にしっかり商品やロゴを出す

　自社の商品やサービスの印象を残すためには、常に商品やロゴが出ている動画構成や、使用法や使用上の注意をメインにした動画にするなど、さまざまな工夫が必要です。商品やサービスを活かす動画構成を考えましょう。

　商品や会社のロゴを効果的に見せている事例では、海外の企業ですが「Succulents Box」があります。この企業は、サボテンを中心とした多肉植

物のオンライン販売を行っている企業ですが、Facebookに広告を導入しただけで、売上げが66%もアップしたそうです。同社の動画広告は、商品を中心とするもの。多肉植物というちょっと耳慣れない商品ですから、まずどのような植物なのかをわかりやすく見せるのがポイントです。広告に掲載されている商品が、どれもめずらしくてかわいらしい植物やサボテンで、とても興味がわいてきます。

Succulents Boxの動画広告例

Facebookはユーザーが、自分の興味や趣味などを登録しておけますが、これらをターゲットとして広告が表示されるため、商品と広告ターゲットとがマッチし、それが売上げに結びついた好例といっていいでしょう。

■⑤無音でも動画の内容がわかるようにする

Facebook動画の約85%が無音再生されています。そのため、**無音の再生を想定して、映像と文字要素をうまく組み合わせましょう**。

動画広告を作成する際は、動画をアップするサイトやコンテンツの特性を意識する必要があります。以上のポイントを押さえながら、Facebookユーザーの興味を惹きつける動画を作って広告効果を高めましょう。

Facebook動画広告の費用・課金形態

Facebook動画広告では、1日に使用する上限の広告費を設定できます。この1日の予算は、100円から設定することができます。ただし、最低額で

ある100円にするのはお勧めできません。Facebook動画広告には、広告を効率良く配信するための自動最適化のような機能が備わっています。少額すぎると、Facebookのシステムが学習するだけのデータ量を得ることができません。1日1,000円程度が、システムが学習するための推奨といわれています。まずは、一度シミュレーションしてみて、そのデータをもとにして、予算を再検討していきましょう。

またFacebook動画広告では、選択した目的の内容に合わせて、課金の種類が決定される仕組みになっています。自動的に課金の種類が決まるので、特に悩む必要はありません。特にはじめての人の場合は、自動的に決まった課金の種類を変更せずに配信することをお勧めします。

課金の種類	内　容
CPM（Cost Per Mille）	広告が1,000回表示されたときに課金される
CPC（Cost Per Click）	広告がクリックされたときに課金される
動画の10秒再生課金	・広告の動画が10秒以上再生されるごとに課金される ・10秒以下の動画の場合、動画が最後まで再生されると課金される
動画の2秒以上の継続的な再生課金	動画が3秒以上の場合に使用でき、動画が2秒以上再生されたときに課金される
アプリインストール課金	Facebook動画広告経由でアプリがインストールされたときに課金される（特別な設定が必要で利用度は低い）

図7-7　Facebook動画広告の課金方法

Facebook動画広告のフォーマット

Facebookの動画広告はさまざまな広告の目的に応じて展開できます。FacebookとInstagramに掲載でき、ページからダイレクトに作成する方法と、広告ツールの広告マネージャかビジネスマネージャを使用して作成する方法があります。

Facebook動画広告のフォーマット
出典：facebook business「広告フォーマットのタイプ」
URL https://www.facebook.com/business/help/1263626780415224

　Facebook広告の「動画広告」は動画にテキストと合わせて表示される広告フォーマットとなります。PCおよびモバイルのFacebookフィード（タイムライン）に表示されます。

Facebookに動画広告を出稿する前に確認すること

　Facebook広告では、**画像面積の20%を超えてテキストを入れてはいけない**という制限があります。いわゆる20%ルールと呼ばれるものです。画像4×5の20マスに区切った内の5マス以上にテキストがかかっていると、基準に抵触していると判断されます。テキストに関しては自動ツールで判定をしているようですが、画像自体にわざと大きな看板が出ていたり、テロップで同様の文字が映っているときなどは、人間の目で判断しているといわれています。

　このことから、YouTube広告などで使用したテロップを大きくあしらった動画広告などをそのまま転用することができません。事前にどのようにテロップを配置するか、ロゴを目立たせるかなどは、この制限を見越して企画段階から意識して撮影・編集ができるように準備しておきましょう。

　チェックされるのは動画広告のサムネイル画像になります。なお、その

サムネイル画像がルールに抵触していないか、事前に確認するツールとして、「画像テキストチェック」（https://www.facebook.com/ads/tools/text_overlay）があるので、活用するようにしましょう。

図7-8　Facebook広告の20％ルール

　これ以外にも次のことに注意する必要があります。動画をアップロードする前にきちんと確認しておきましょう。

- Facebookの動画広告の入稿規定
    - ファイル形式……「.MP4」、「.MOV」（推奨）
    - 最大ファイルサイズ……4GB
    - 最小解像度……解像度の上限なし
    - 縦横比……9：16〜16：9
    - 長さ……1秒以上240分以内

Facebook動画広告の出稿手順

　Facebookに動画広告を出稿するときには、Facebookの「広告マネー

ジャ」を使って動画広告を出稿します。「広告マネージャ」とは、Facebook動画広告を簡単に作成でき、効果検証や編集・管理もできる無料ツールです。とても便利な機能を備えているので、ぜひ活用してください。

広告マネージャを開くには、https://www.facebook.com/ads/managerにアクセスしてください。

Facebookの広告マネージャの画面

■Facebook広告マネージャアプリ

Facebook広告マネージャアプリは、iOSやAndroidのモバイルからスムーズにFacebook広告を作成でき、いつでも、どこでも広告のパフォーマンスを確認できる、便利なモバイルツールです。スマホから広告の作成、ライブラリにある写真や動画を使用して、FacebookやInstagram、Audience Networkなどへ配信する広告を作成することができます。

また、広告用素材やテキスト、ターゲット設定、掲載期間、予算の編集や、キャンペーンの下書きのプレビューもできます。広告のパフォーマンスの確認や消化金額の確認もできます。そして、適時にスマホに広告のパフォーマンスに関するお知らせが届くので、情報を忘れずにチェックできます。スマホで撮影・編集したものを使って、広告の作成・管理ができるアプリなので、活用してみてください。

それでは、スマホの広告マネージャで「ウェブサイトのトラフィックを増やす」ことを目的とした広告を作成し、出稿する手順を紹介します。

① Facebook 広告アプリを開き、[広告を作成]をタップします。

② [ウェブサイトのトラフィック]を増やすをタップします。

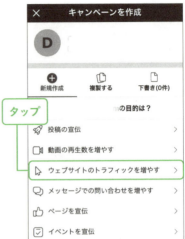

③ [形式:シングル画像]をタップします。

④ 形式を「シングル動画」に切り替え（❶）、[→]をタップします（❷）。

⑤ [カメラロール]をタップし（❶）、カメラロールから動画を選択し（❷）、[→]をタップします（❸）。

⑥ [サムネイル]をタップします。

⑦ 動画のカバー画面を選択し（❶）、[✓]をタップします（❷）。

⑧ 見出しにタイトルを入力し（❶）、テキストに説明を入力します（❷）。トラフィックさせるウェブサイトを入力します（❸）。コールトゥアクションボタンで「購入する」を選択します（❹）。

211

⑨ 広告の画面を最下部までスワイプして広告プレビューを確認し、[→] をタップします。

⑩ [新しいオーディエンスを作成] をタップします。

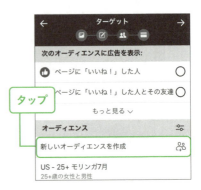

⑪ 詳細ターゲット設定から「年齢」(❶)、「性別」(❷) を選択して、オーディエンス名称を入力し (❸)、[✓] をタップします (❹)。

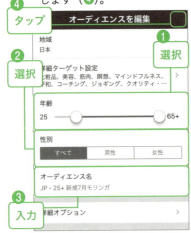

⑫ [新しいオーディエンスとして保存] または [既存のオーディエンスを更新] をタップします。

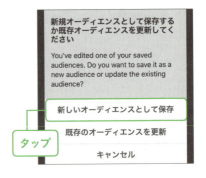

⑬ オーディエンス名を入力し (❶)、[✓] をタップします (❷)。

⑭ ターゲット設定を確認し、[→] をタップします。

⑮ 予算（❶）と掲載期間（❷）を設定します。配信の最適化は推奨値のままでOKです。[→] をタップします（❸）。

⑯ 広告、広告のプレビュー、広告セットなどを確認し、[注文を確定する] をタップします。

⑰ 10分から数時間待ち、承認されればキャンペーンがアクティブとなります。

動画広告をさらに拡散させる方法

画像とテキストから自動で動画広告が作成可能に

Facebookでは「動画作成キット」という、モバイルに最適化した動画を簡単に作成できるテンプレートを提供しています。これは画像とテキストを当てはめていくだけでクオリティの高い動画広告を作成できるツールで、広告マネージャまたはFacebookページでカスタマイズして、FacebookやInstagram用の広告に使用できます。

Facebook動画広告の成功事例

Facebokの動画広告においてどのようなものが成功しているのか、事例を見ていくことにします。

- インパクト＆短尺で興味を惹く

バーガーキングがハロウィンのキャンペーンで出した「黒バーガー」の動画です。たった8秒の動画広告ですが、インパクトがありターゲットの興味を十分に惹くことができています。あなたの会社の商品やサービスが見た目で特徴があるならば、これだけシンプルなアプローチもありです。

バーガーキング「黒バーガー」
URL https://www.facebook.com/watch/?v=1181701815176486/

- **無音でもわかるノウハウ・レシピ動画**

　Facebookの中でも人気なのは「料理動画」です。Tastemade Japanでは、音なしでも手順や出来上がる過程がわかる食のレシピ動画を展開しています。楽しくおしゃれに見せていくその手法は女性を中心に広く支持され、このキラキラフルーツポンチの動画は、まるでゼリーの宝石箱のような仕上がりもあり、再生回数135万回を獲得しています。

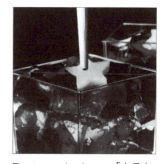

Tastemade Japan「キラキラフルーツポンチ」
URL https://www.facebook.com/watch/?v=1607599946205796

- **ユーザー目線での作り込みで評価**

　『Omiai』は、日本初Facebookを活用した恋愛マッチングサービスです。安心・安全への徹底と、ユーザー目線での作り込みが評価され、累計300万人の会員数を獲得しています。個人情報に信頼度のあるFacebookならではのサービスで成功しています。

Omiai「あなたの恋に、春よ来い」
URL https://www.facebook.com/watch/?v=2074282436022248

- 検討段階の見込客への興味喚起

ママパパ向け情報メディア『Comona（コモナ）』では、画像を動画にしてたくさん見てもらうという構成で、子どもに試してみたいと思えるようなかわいい情報を定期的に配信しています。もっと商品を見たいという行動を促進し、検討段階の見込客への興味喚起、サイト誘導を狙った動画広告です。

Comona動画「#53 TAIGA 7daysCoorde ロングヘアが似合うストリート風なスタイルが上手なTAIGAくん！男の子ならではのヘアアレンジもポイント♡」
URL https://www.facebook.com/watch/?v=2039448526334803

> **! Point**
>
> **Facebook動画広告のクリエイティブポイント**
> - 対象は大きめに映す。画面サイズを意識した広告に
> - つかみの数秒でインパクトを残し、15秒以内の短い動画に
> - ターゲットの課題解決のための共感される動画に
> - 動画の中にしっかり商品やロゴを出す
> - 無音でも動画の内容がわかるようにする

Section **05**

Instagramに動画広告を出稿する

センスのいい動画広告を届けよう

　Instagram はFacebook の傘下になるため、運用方法や機能はFacebook に準じます。Instagram 動画広告の最大の特徴は、女性利用者が多く、かわいいものやおしゃれなものが写っていることが好まれる点です。ファッションやグルメの雑誌をめくる感覚に似ていて、とにかく**視覚効果が必要**です。

　Instagram のメインユーザー層は10〜30代となっており、他のSNS と比べても若い人に向けた商品やサービスを広告するのに適しています。ハイセンスでおしゃれな内容が全体的に求められるため、動画広告においても広告色の強いものは嫌われます。

　商品やサービスがセンスやデザイン性をアピールできる場合は、ぜひ感性に訴える動画広告を作りましょう。スマホで見られることが多いため、推奨する画角は正方形、動画の尺は60秒と短いため、センスの良さとともに繰り返し見たくなるインパクトの強さが求められます。

Instagram の動画広告を活用するメリット

　Instagram の動画広告を活用するメリットとして、次のような点が考えられます。

● 細かいターゲット設定ができる
　Instagram の動画広告の特徴は、Facebook 広告の精度の高いターゲティ

ングを活用できる点です。たとえば、性別や年齢はもちろん、地域や家族構成、学歴など、さまざまな分野を指定することができます。若年層の女性が多いメディアですが、さらにターゲットを絞ることで、より届けたいペルソナに自社の商品やサービスを訴求することができます。

● 商品やサービスの魅力を具体的に伝えられる

Instagramの印象は写真画像と思う人も多いでしょうが、文字や画像では伝えきれない商品やサービスの魅力を伝えたいときには動画広告が有効です。美容や機器類など、実際に動画で使い方などを細かく教えられれば、購入後のイメージもわきやすくなり、購入されやすくなります。

● 最大60秒間の動画で幅広い表現ができる

Instagramの動画広告は、最大で60秒の時間が使えます。この60秒間を使い動画の構成や内容をユニークなものにすることができます。動画の評判次第ではSNSに拡散され、より多くの人に見せられる可能性もあります。そこで、この60秒間を利用して、期間限定キャンペーンの告知動画を打つなり、ブランドを好きになってもらうような動画を作るなど、目的やペルソナに合った動画の構成・内容を考えていきます。

● 直接自社サイトへと誘導できる

FacebookやTwitterではキャプションテキストにリンクURLを記載しクリックさせますが、Instagramは広告を活用すると、投稿した画像や動画に指定サイトに遷移できるリンクが付与され、動画広告を見たあとで、すぐに自社サイトに誘導させることができます。

▌直接ECサイトへ誘導するショッピング機能

Instagramには投稿画像や動画から直接ECサイトに飛んで購入ができるショッピング機能（Shop Now）があります。これを利用することで、

Instagramの投稿のタグ付けと同じように商品タグをして利用することが可能です。ECで商品を取り扱う企業にとって重要度の高い機能となります。

投稿の左下に表示されるショッピングバッグのアイコンをタップすると、動画にタグ付けされた商品を確認することができる
出典：Midwest（セレクトショップ）
URL https://www.instagram.com/p/BzaOeoEBdlV/?igshid=lbyj246kujku

Instagram動画広告の費用・課金形態

　Instagram動画広告の課金形態には、主に図7-9の通りです。アプリをインストールさせたい、ブランド認知を広げたいなど、目的に応じて課金方式を使い分けることができます。

　なお、Instagram動画広告は100円から出稿することができます。

課金方法	内　容
CPM（Cost Per Mille）	広告が1,000回表示されたときに課金される
CPC（Cost Per Click）	広告がクリックされたときに課金される
動画の10秒 再生課金	・広告の動画が10秒以上再生されるごとに課金される ・10秒以下の動画の場合、動画が最後まで再生されると課金される
動画の2秒以上の 継続的な再生課金	動画が3秒以上の場合に使用でき、動画が2秒以上再生されたときに課金される
アプリインストール 課金	Instagram広告経由でアプリがインストールされたときに課金される（特別な設定が必要で利用度は低い）

図7-9 Instagram動画広告の課金方法

　Instagram動画広告では、Facebook広告同様、自動的に課金の種類が決まるので、特に悩む必要はありません。特にはじめて広告を出す人の場合は、自動的に決まった課金の種類を変更せずに配信することをお勧めします。

Instagramの動画広告を掲載する場所

　Instagramの動画広告は、2つの場所に掲載されます。

　1つ目は**メインフィード**、すなわち通常のタイムラインです。このメインフィードに動画広告を配信することで、他のユーザーの一般投稿と同じ場所に広告が表示されるようになります。

　2つ目は**ストーリーズ**と呼ばれる場所です。ストーリーズとは、縦長のフルスクリーンで動画や写真を表示できる場所のことを指します。ここは自分以外の人の投稿は、基本的に24時間経過すると見られなくなるので、気軽に動画をアップする人が多くいます。そのストーリーズの合間に動画広告を配信することができるので、より自然なアプローチを狙うときに有効な手段となります。ストーリーズの動画広告は、最大15秒間の長さになることも覚えておきましょう。

- 三段オチでドライビング性能を語る

　日産のストーリーズ広告は、「ひと押しで」というキーワードをもとに、まったく関係のない掃除機、エスプレッソマシンなどを見せていき、同じスイッチ「ひと押し」で簡単に高性能の運転サポートが得られるドライビング技術を語っています。「何のCM？」と興味を惹きつつ、納得感あるオチで読後感の良いストーリーズのお手本のような広告になっています。

出典：nissan instagram ストーリーズ広告
URL https://www.youtube.com/watch?v=Md_KgDFltVA

Instagramに動画広告を掲載する3つの方法

　アカウントをビジネスアカウントに変換すると、Instagramから動画広告を作成できるようになります。Instagramで動画広告を作成できるだけでなく、Facebookのツールを使ってInstagramに掲載する広告を作成することもできます。

　Instagramに動画広告を掲載するには、3通りの方法があります。

- Instagramから直接広告を作成する

　プロフィールをビジネスプロフィールに変換すると、Instagramアカウントから投稿やストーリーズを宣伝できるようになります。

- **Facebookページから広告を作成する**

　Facebookページがあるならば、そのページにInstagramアカウントをリンクできます。ページで広告を作成すると、その広告はFacebookとInstagramの両方に掲載されます。

- **広告マネージャで広告キャンペーンを作成する**

　より機能的に広告を使うならば、広告マネージャの幅広いツールを使って広告を作成し、配置としてInstagramを選択することができます。いずれのツールも、Instagram広告の作成に利用できます。通常、Facebookのビジネスツールで広告を作成するには、事前にプロフィールをビジネスアカウントに変換し、管理しているFacebookページにリンクする必要があります。

Instagramに動画広告を出稿する前に確認すること

　Instagramに動画広告を出稿する際には、通常広告、ストーリーズ広告それぞれで図7-10の事項に注意する必要があります。

	通常広告	ストーリーズ広告
ファイル形式	推奨タイプはMP4、MOVだが、ほとんどの形式に対応	MP4、MOV、GIF、jpg、png
最大ファイルサイズ	4GB	動画なら4GB、写真なら30MB
最小解像度	正方形（600×600px）、長方形（600×315px）	600×1067px
縦横比	正方形（1：1）、長方形（1.91：1）	9：16
長さ	3秒以上60秒未満	1〜15秒（デフォルトでは、画像は5秒表示される）

図7-10　Instagramの動画広告の入稿規定

Instagram 動画広告の出稿手順

　広告出稿の前提として、Facebookページと Instagram のアカウントが必要になるので用意しておきましょう。Instagram 動画広告は Facebook 広告の設定画面で作成するので、広告マネージャから投稿します。

① マーケティングの目的を選択します。ここでは、Webサイトへの誘導を目的として、「トラフィック」として設定した例です。

② 今回作成する広告の名前を設定します。キャンペーン名や期間など、管理しやすい広告名称を設定しましょう。

③ その広告の最終ゴールを設定します。画像では「トラフィック」から「ウェブサイト」を選択しました。選択した目的で内容が変わるので、目的ごとに設定してください。

④ 広告のターゲット（オーディエンス）を設定します。オーディエンスの設定では、カスタムオーディエンス、メールアドレス、携帯電話番号、FacebookユーザーIDなどから広告を表示したいオーディエンスを作成したり保存したりすることができます。その他、地域、年齢、性別、言語、詳細ターゲット設定、つながりなど、リーチしたいユーザー層に合わせてターゲット設定を行います。

⑤ 広告を配信する場所を設定します。「配置を編集」にチェックを入れ（❶）、「配置」ではInstagram以外の項目からチェックを外します（❷）。

⑥ 広告の予算と掲載期間を設定します。[次へ]をクリックして広告設置画面に移動します。

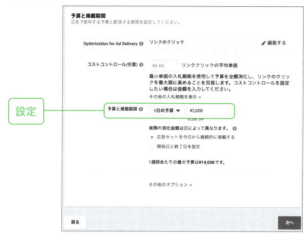

設定項目	内容
広告配信の最適化	ランディングページビュー、リンクのクリック、インプレッションなど、目的に応じて広告を配信する設定ができる
コストコントロール（任意）	クリック平均単価を設定することができる
予算の設定	・予算の設定方法は「1日の予算」「通算予算」の2通り ・「1日の予算」では1日に使用できる予算が設定可能で、金額の下限は100円 ・1日の消化予算に達した時点で配信は停止される ・広告配信期間で全体予算が決まっていれば「通算予算」を選択し設定する
掲載期間の設定	・期間を定めない「広告セットを今日から継続的に掲載する」と「開始日と終了日を設定」の2通りから選択し設定を行う ・予算の設定で「通算予算」を設定した場合は広告スケジュールの項目を設定できる ・広告を配信する設定のほか、配信する曜日と時間を細かく設定することができる

図7-11 広告の予算と掲載期間の設定内容

⑦ アイデンティティを設定します。アイデンティティの設定とは、どのアカウントから出稿するかの設定です。広告を出したい Instagram アカウントを選択しましょう。

⑧ 広告フォーマットの中から目的に応じて最適なものを選択します。ここでは「1件の画像または動画」を選択します。

⑨ 「メディアを追加」を開き、[動画を追加] をクリックします。

⑩ [動画をアップロード] をクリックし、保存先の動画をアップロードします。

⑪ 動画がアップロードされます。

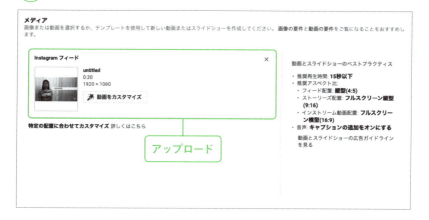

⑫ 広告に掲載するテキストやハッシュタグ、リンクの URL をチェックして、Web サイトの URL を入力します（❶）。「アクション」でリンクとなるテキストを選択します（❷）。広告プレビューを参照しながら作成した動画広告の表示を確認します（❸）。

⑬ 注文を確認し問題がなければ［実行する］をクリックします。審査が完了、承認され次第、設定したスケジュールに応じて広告の配信が開始されます。配信途中でも予算や配信期間の変更などを行えるので、運用しながら最適化していくことができます。

なお、Instagram 動画広告はスマホの Instagram アプリからも簡単に作ることができます（過去の自分の投稿が対象になります）。前提としてInstagram アカウントをビジネスプロフィールに移行しておく必要があり

ます。移行完了していれば［広告］ボタンが現れるのでクリックし、［広告を作成］をタップして作成していきます。

また、スマホのFacebook広告のアプリを使っても、スムーズに投稿や運用が行えるので、こちらもお勧めします。アプリを使えば、撮影から投稿までの一連の流れをスマホだけで完結することができます。

Instagram動画広告の成功事例

写真広告と同様に画面いっぱいに広がる上質なビジュアルに加え、音と動きも駆使して情報を伝えることができます。最長60秒の動画を、横型または正方形のフォーマットで配信できます。Instagramの動画広告において、どのようなものが成功しているのか、事例を見ていくことにします。

● 洗練されたクリエイティブを発揮

メルセデスベンツはストーリーズのフォーマットを意欲的に試し、Facebookと共同で強力な専用広告を作成。縦型画面を分割する編集技術を駆使し、上昇志向を感じさせる魅力的なドライビング体験を提供しています。その結果、洗練されたクリエイティブによって、Cクラス・カブリオレが提供する爽快なドライブ感とライフスタイルを想起させることに成功しています。

出典：メルセデスベンツのInstagramストーリーズの動画広告
URL https://business.instagram.com/success/mercedes-benz-success/

- 目を惹く縦動画でスタイリッシュに販売を促進

　Beanpole Outdoorは、著名人が作成するようなInstagramストーリーズの動画広告を発信。5秒の動画に新しい全画面表示の縦長動画フォーマットを使い、魅力的な手法でターゲット層に訴求しました。過去のキャンペーンと比べ、動画再生率は2倍、コンバージョン率は1.4倍に伸びました。

Beanpole OutdoorのInstagramストーリーズの動画広告
URL https://business.instagram.com/success/beanpole-outdoor/

! Point

Instagram動画広告のクリエイティブポイント
- おしゃれさ、今っぽさ、ビジュアルを重視
- 広告色の強いものは避ける
- テキストは最小限に
- 縦型動画
- インパクトが強いものに

Section **06**

Twitterに動画広告を出稿する

ライブ感を意識した動画を

　Twitter広告とは、Twitterのタイムラインなどに表示される広告です。「フォロワー数の増加」や「外部サイトへの誘導」、「情報拡散」などの目的で利用され、情報の鮮度が重要になります。

　ユーザーがつぶやいたキーワードや、特定アカウントのフォロワーに配信できるなど、特定のことに興味を持つユーザー層はもちろん、より広い範囲のユーザーにも対応したターゲティングができるので、あなたのニーズにピッタリの視聴者とつながることができます。また、口コミやリアルタイムで起こる事象と相性が良く、独自の拡散力を持っています。インパクトのある動画や、人に教えたくなるような動画を作ることで拡散力が増し、広告効果も高くなるでしょう。

　国内約4,500万人のアクティブユーザーがおり、メインユーザー層は10〜20代、タイムラインの画像は16：9の比率で表示されます。

　Twitterの動画広告の主な目的は、動画再生を目的としたキャンペーンです。その動画広告は、フォロワーの獲得を目指すツイート広告である「プロモツイート」に動画を添付する「プロモビデオ」が基本となります。これが自社を想起させたり好感度の獲得に役立ったりするのです。

Twitterの動画広告を活用するメリット

　Twitterの動画広告を活用するメリットには、次のことが考えられます。

231

- **高い拡散力を利用できる**

　Twitterの動画広告は、さまざまなSNSがある中でも特に拡散力が強いため、魅力的な動画広告を作れば一気に拡散される可能性があります。拡散されると、興味のない人にも広告が届くこともあり、より広告の効果を拡大させることを狙えます。

- **二次拡散には課金されない**

　課金方法として動画がタイムラインに100%表示されて3秒経過した段階、もしくは動画をクリックされた時点で課金対象となります。Twitter広告に対する課金はその一次拡散のみに行われるものなので、リツイートによる二次拡散が進めば進むほど、費用対効果が高くなるメリットがあります。

- **若者向けに有効である**

　10〜20代だけで利用者の半数を占めており、若者向けの商品やサービスの訴求に有効です。

Twitter広告アカウントの開設

　Twitterから広告を出すには、**Twitter広告アカウントの開設**が必要です。Twitter広告アカウントの開設には、まず数週間のTwitterの通常運用が必要です。投稿や他のユーザーと交流をしながら、出稿可能な状態を待ちます。既にTwitterを利用している人ならば、そのままTwitter広告アカウントを開設できます。なお、広告活用には自身のアカウントの状態が非公開だと出稿ができないので、公開状態にしておきましょう。

プロモビデオの設定方法

　Twitterでは動画を含んだプロモツイートのことをプロモビデオと呼び

ますが、それには2種類の設定方法があります。

1つ目は、既存の動画投稿をプロモツイートとして発信する方法です。普段の動画投稿の中から反応の良かったものをチョイスして動画広告として配信するものです。再生時間は140秒以内になります。

2つ目は、広告アカウントに動画をアップロードし、プロモビデオとして配信する方法です。これは地域・性別などの基本属性のほか、興味・関心や検索キーワード、類似ユーザー、フォロワーなどからターゲティングできます。横型9：16で、再生時間は10分以内となりますが、Twitterはリアルタイム性が好まれるSNSなので、短くインパクトがある動画コンテンツになることを目指しましょう。

プロモビデオの例
URL https://twitter.com/mcdonaldsjapan/status/1155855498610008071?s=21

たとえば、マクドナルドでは夏限定のハンバーガーの新発売キャンペーンにプロモビデオを採用し、大きな成果を上げています。

Twitterはトレンドをネタにユーザー同士がコミュニケーションを取り合うツールなので、TVCMのような宣伝色の強いものではなく、友だち感覚で話すような「ゆるいノリ」のほうが好まれます。そんな特性を活かして、「○○に悩んでるあなた！　答えは○○なんですよ」というような、**共感を呼ぶ問いかけや言葉遣い**を心がけましょう。

また、Twitterのフィード上は文字の情報量が多く、画面をスクロールするスピードが他のSNSに比べると早いため、**視認性の高い動画**が求められます。したがって、動画の傾向としては、できるだけ短尺とし、最初の2秒程で心をつかむインパクトある表現を目指します。覚えさせたいイメージカラーがあれば色彩も明確にし、さらに何の広告なのか理解してもらうために、ブランド名や商品名を印象的に見せ、セリフを補完するテロッ

プもしっかり入れるようにしましょう。そして、動画のタイトルもなるべく簡潔にまとめます。タイトルが長すぎると、デバイスによってはすべてが表示されず、伝えたい重要な部分が切れてしまう可能性があるので、タイトルの文字数は最小限にしましょう。

　課金については、最初の広告ツイートのみに行われ、リツイートの二次拡散以降は無料となります。人気が出て拡散される動画広告を作れば、コストパフォーマンスが高くなるところがTwitter動画広告を利用するメリットです。

Twitter動画広告の費用・課金形態

　Twitter動画広告の費用・課金形態は、図7-12の通りです。

課金方法	内　容
動画再生当たり（CPV＝コストパービュー 視聴課金）	動画の50％以上が画面に表示された状態で2秒経過した場合か、動画の拡大表示またはミュート解除の操作を行った場合にカウントされる
3秒/100％表示再生当たり（CPV）	動画全体が画面に表示された状態で3秒経過した場合か、動画の拡大表示またはミュート解除の操作を行った場合にカウントされる
ユーザーが動画を視聴した場合のみ課金するもの	金額（単価）は10円からのオークション方式での決定となる

図7-12　Twitter動画広告の課金方法

Twitterに動画広告を出稿する前に確認すること

　Twitterに動画広告を出稿する際には、既存の投稿を広告配信する、広告アカウントからの広告配信、それぞれで図7-13の事項に注意する必要があります。

	既存の投稿	広告アカウントからの投稿
ファイル形式	MP4、MOV	MP4、MOV
最大ファイルサイズ	512MB	1GB
解像度	32×32px〜1900×1200px（縦横どちらでも可能）	――
縦横比	1：1（推奨）、1：191×4：5まで可能	9：16（推奨）、横長
長さ	140秒以内	10分以内

図7-13 Twitterの動画広告の入稿規定

Twitter動画広告の出稿手順

Twitter動画広告を出稿する方法は、通常のツイート投稿を広告配信する方法と、広告管理画面に動画素材をアップロードし、そのクリエイティブを利用して広告配信する方法があります。ここでは、後者のやり方について解説します。

① Twitter のアカウントの［…］をクリックします。

② ポップアップして出てきた項目から［Twitter 広告］をクリックします。

③ [キャンペーンを作成] をクリックします。

④ キャンペーンの目的で [インストリーム動画再生数（プレロール）] を選択します。

⑤ キャンペーン名（❶）、支払い方法（❷）、日別予算（❸）を入力し、必要であれば総予算を設定し（❹）、開始日時、オプションで終了日時を入力し（❺）、[次]をクリックします（❻）。

⑥ 広告グループ名を入力します（❶）。なお、オプションは基本そのままでOKです。プレースメントを選択（自社のブランドに近いカテゴリーを2つまで）します（❷）。[次]をクリックします（❸）。

⑦ オーディエンスの特性を入力して配信ターゲットを設定します（❶）。[次]
をクリックします（❷）。

⑧ オーディエンスの機能を設定します（❶）。なお、自動で高いパフォーマンスが得られるように最適化されるため、独自のオーディエンスの定義は必須ではありません。[次]をクリックします（❷）。

⑨ 新たに動画広告のクリエイティブを作成し、[メディアライブラリ]をクリックします。

⑩ [メディアをアップロード]をクリック（❶）すると、PC内に保存している新しい動画をライブラリにアップロードします。新しい動画のアップロードが左側に現れるので、[✐]をクリックします（❷）。

⑪ タイトル、説明、動画に当てはまるカテゴリーを入力します（❶）。［ツイート］をクリック（❷）するとツイートが公開されます。

⑫ ［動画］をクリック（❶）するとアップロードしたキャンペーン動画のサムネイルが現れます。その画像をクリックするとチェックマークが入ります（❷）。［次］をクリックします（❸）。

⑬ キャンペーンの詳細と広告グループの内容を確認して[キャンペーンを開始]をクリックすると広告配信が開始されます。

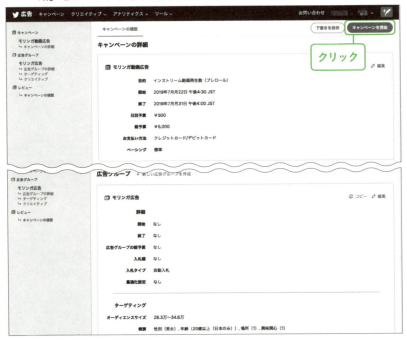

スマホからのTwitter動画広告の出稿手順

　投稿済みのツイートは、スマホのTwitterアプリから簡単に広告を出稿することができます。Twitterアプリから広告を出稿するには、ホームから自分のアイコンをタップして「プロフィール」メニューを選択し、自身のアカウントのツイートの中から出稿したいツイートを見つけ操作していきます。手軽に動画広告を出すことができるので、次の手順を覚えて活用ください。

① プロフィールアイコンをタップします。

② [プロフィール] をタップします。

③ 広告を出稿したい投稿ツイートの右下にある [📊] をタップします。

④ [ツイートを広告に使う] をタップします。

⑤ ターゲティング（目的の国、都道府県、市町村を選択できます）（❶）、予算（❷）を設定し、［掲載を開始する］をタップする（❸）と広告が配信されます。

Twitter動画広告の成功事例

　Twitterの動画広告において、どのようなものが成功しているのか、事例を見ていくことにします。

● 商品を動画で魅せる

　はなまるうどんのツイートは、クーポンや商品写真を掲載するなど、見ている人の食欲をそそる工夫がなされています。これらのツイートの中でときどき掲載されるのが、商品の動画広告です。

　はなまるうどんといえば、本格的な讃岐うどんのチェーン店です。この店

「【讃岐】はなまるうどん」のツイート
URL https://twitter.com/hanamaru_udon/status/1141619562179440641

244

舗で食べられる商品の、実においしそうな動画をツイートしています。ランチどきや夕食時間の前などにこれらの動画ツイートがタイムラインに流れれば、食べてみようかなという気にもさせられます。魅力的な商品をそろえている企業やショップなら、そんなシンプルな広告でも大きなインパクトを与えられます。

● **商品使用例を動画でアピール**

手帳やノートなど、優れたデザインの文具と雑貨ブランドを展開する株式会社マークスの公式アカウントでは、テーマに合わせた広告ツイートを行っています。

たとえば、「トラベル」をテーマにしたツイートでは、旅先の景色やお土産、撮影した写真などをかわいくまとめる

「MARK'S【マークス公式】」のツイート
URL https://twitter.com/marks_Inc/status/1136873117245030400

ための、手帳の活用法といったものを動画で紹介したり、「育児」をテーマに子どもの日々の成長を手帳にまとめたりする方法を紹介しています。

このように、自社の商品をテーマ別に動画にしてツイートすれば、顧客にとっても参考になり、商品も大きくアピールできます。

> ! **Point**
>
> **Twitter動画広告のクリエイティブポイント**
> - 最初の2秒で視聴者をつかむ
> - ブランド名・商品名を前面に押し出す
> - イメージカラーで目を惹く
> - インパクトを与える
> - 動画の尺を短くする

Section **07**

LINEに動画広告を出稿する

国内最大のコミュニケーションツール

　LINE株式会社の公式発表によると、2019年4月時点で、国内のLINE
ユーザー数は8,000万人以上。ユーザーの男女比もほぼ同じで、10代から
60代までもが利用する幅広い層に支持されているSNSとなります。

　そのLINEに広告を出稿するには、LINE Ads Platformのアカウントを
作成する必要があります。これは導入企業6,000社以上、国内最大級の運用
型広告プラットフォームです（LINE for Business調べ）。最大の特徴とい
えるのは、圧倒的な利用者数ですが、そのユーザーのタイムラインやLINE
NEWSに配信ができるだけでなく、さらにLINE BLOG、LINEマンガ、
LINEポイントへの配信が可能な点です。また、ターゲットを年齢、興味・
関心などの属性でセグメントして広告配信ができることもメリットになり
ます。

　一方、デメリットになる部分もあります。それは、広告できる業態が限
られていることです。基本的にはどのようなプラットフォームでもアダル
トやギャンブルに関する広告は制限されていますが、それ以外にも介護
サービスや掲示板、マッチングサイトなど多くの商品・サービスの広告が
制限されています。

　また、広告出稿にも時間がかかります。多くのWeb広告は即日広告配信
ができることが多いですが、LINEは、広告出稿するまでの審査が厳しく、
数日かかる場合があります。

> **✎ Memo** ▶ LINE動画広告の出稿手順
>
> LINEへの動画広告の出稿は、商材や業種、企業の信頼性も審査されるなど、掲載基準が非常に厳しいものになっているため、広告を掲載したいと思ってもできない可能性も高く、審査に時間がかかるため、掲載までにはかなりの日数を必要とします。また、費用がかかるものもあります。これらの理由により、個人事業主や中小企業の人にとっては掲載までのハードルが高いことから、本書では詳しい動作の解説は割愛します。

LINEの動画広告を活用するメリット

LINEの動画広告を活用するメリットとして、次のことが考えられます。

● 日本の人口統計と等しく広告効果を出しやすい

Facebook や Twitter のユーザーは首都圏に集中していますが、LINEのユーザーは日本の人口統計とほぼ等しい比率で分布しています。そのため、どの都道府県でもあっても等しく広告効果を出しやすいのが特徴です。

● 新規ユーザーを獲得しやすい

LINEはユーザー数が多く、SNSの中でもLINEのみを使用している人の割合は全体のおよそ17%です（Twitterのみは約6%、Facebookのみも約6%）。そのため、LINEに動画広告を掲載することで、新規ユーザーを獲得しやすくなります。

LINEに動画広告を出稿する前に確認すること

LINEに動画広告を出稿する際には、次のことに注意する必要があります。

- LINEの動画広告の入稿規定
    - ファイル形式…「.MP4」（推奨）
    - 最大ファイルサイズ……100MB以内
    - 最小解像度……1080p（広告出稿時は720p）
    - 縦横比……16：9
    - 長さ……最大120秒（最低5秒以上）

LINE動画広告の成功事例

　LINEの動画広告において、どのようなものが成功しているのか、事例を見ていくことにします。

- 思わず注目してしまう興味喚起型広告

　謎解きミステリーゲームの動画広告をタイムラインで配信。クリエイティブが新聞の紙面となっており興味を喚起しました。動画内ではプレイ動画を視聴でき、すぐアプリのダウンロードまでできる仕様になっています。

スマホアプリ「Hidden City」

- 気になる動画で悩みに答える

　C CHANNELでは、専用アプリ「C CHANNEL」で女子のために、メイクやヘアアレンジなどを動画で配信していますが、LINEでも毎日1分間の

ダイジェスト動画としてこれらの動画を配信しています。

　女子の気になるテーマや悩み、あるいはアイデアなどを簡単にまとめた1分間という短い動画ですが、LINEというプラットフォーム上ではかえってコンパクトで、手軽に視聴できます。専用アプリの動画広告をSNSで拡散するのに、LINEはうってつけのメディアなのです。

C CHANNELのLINE動画広告例

> **! Point**
>
> **LINE動画広告のクリエイティブポイント**
> - ユーザーが広告と認識しないことが多く、シンプルな動画広告でも十分反応がある
> - TVCMのような広告然とした表現は避ける
> - 個人間ツールであることを踏まえ、友だちに語りかけるような表現を心がける

> Chapter

8

知っておきたい 効果測定と 改善の方法

作成した動画広告に効果があるのか、継続的にファンや顧客を増やしているのかを知るためには、現状の成果と今後の改善点を把握し対処していく必要があります。ただ、専門家でもないのにそれを見極めることは難しいと思うかもしれません。でも、安心してください。本章では、知っておけばあなたの目的を達成する上で役に立つ、基本的な効果測定と改善の方法について説明します。

Section **01**

動画広告を最適化するための
ポイント

動画広告の最適化とは？

　動画広告は出稿して終わりではなく、効果検証を行い、キャンペーン効果をさらに高めるための最適化を図っていくことが重要です。

　動画広告を最適化するということは、まず目的を決めてKPIを設定し、解析ツールを使って効果検証を行い、キャンペーン効果をさらに高める情報を得ることを目指します。得られた情報から動画広告のクリエイティブを見直し、より良い動画広告を投入し、それを継続していきます。

　動画広告をマーケティング的に見ることが不慣れな人にとっては、「最適化」という言葉はなじみがないかもしれません。しかし、この言葉は技術的にもさまざまなコンセプトを意味するので、より多くの人に動画広告を見てもらうためにも、意識しておきましょう。

効果測定のためのKPI

　動画広告は有料メディアへ配信して終わりではなく、継続して効果測定を行います。成功事例は蓄積し、失敗事例は分析して改善点を見つけるなど継続的な取り組みが大切です。そこで指標として欠かせないのが「KPI」（Key Performance Indicator：重要業績評価指標）です。これは目的に達するための中間目標のことで、その達成のための指標を数値で計測するものです。

　動画広告の出稿自体がはじめてというお店や中小企業の方は、少し難しく思うかもしれませんが、投稿時に決めた「目的」がどのような数値を示

しているか確認することになります。そして、その目的ごとの指標がKPIになります。

目的からKPIを決める

　KPIを決めるにあたって、動画広告は大きく次の3つの目的が挙げられます。商品やサービスの存在を知ってもらうことが目的ならば「認知」となり、再生回数やインプレッションがKPIになります。次に、ユーザーがどれほど興味を抱き購入検討をしたかを知る場合の目的は「検討」になり、再生時間や視聴完了率がKPIとなります。また、ユーザーがどれだけアクションしたかを知る場合は、「行動促進」が目的となり、クリック数や問い合わせ件数が指標となります。そして、その目的による指標KPIは、図8-1のようになります。

目　的	指標KPI	内　容
認知	再生回数	動画の再生回数、何度クリックされて再生されたのか
	ユニーク再生数	動画広告を視聴した人数
	インプレッション	動画広告が表示された回数
検討	視聴率	再生数をPV数で割った数字
	再生率	ユーザーの総再生（視聴）時間から動画の尺時間を割った数字
	再生完了率	最後まで動画広告を視聴した数からアクセス数を割った数字
行動促進	クリック数	動画広告がクリックされた回数
	問い合わせ数	配信後の問い合わせ件数
	売上	配信後の売上げ、売上げアップ率

図8-1 目的ごとの指標KPI

具体的な期間と数値を決めてKPIを決める

　KPIとは、最終的な目的に対する道しるべ（目標）のようなものです。最初は数値としてのKPIがないかもしれませんが、一定期間を観察した数値をもとにKPIを定めることができます。たとえば、その数値から「3カ月で動画広告経由の売上げを30%アップする」という目的にすれば、30%アップという目的を実現するために何が必要かを考えてKPIを設定します。

　このとき、「前週比を2%ずつ上げていく」や「クリック数を倍にする」など、具体的な期間と数値でKPIを決めることが重要です。そこではじめて「継続的に前週比2%増を達成するには？」という何をアクションすべきかが見えてきます。KPIは目的に対する指標であり、何をすべきかのきっかけにもなります。このようにして継続的な改善に向けた取り組みを始めていきます。

「いいね」やコメント、ターゲティングなどの設定でも最適化を

　SNSであれば、「いいね」やコメント数などからも効果を確認することができます。はじめは再生回数などを指標として確認することが多いかもしれませんが、ターゲティングや時間、曜日の設定によっても変化するので、その原因などを探って次の動画広告の作成やキャンペーンの最適化につなげましょう。

解析ツールを利用する

　YouTubeであればGoogle広告、FacebookやInstagramなら広告マネージャ、Twitterなら広告マネージャーというように、SNSごとに広告のパフォーマンスに関するインサイト（分析機能）を確認できるツールがあります。

これは無料で高度なスキルも必要としないので、怖がらずに触れていきましょう。操作や手順など迷うことがあれば、SNSごとに確かなサポート体制ができているので、相談することもできます。

動画広告のクリエイティブを改善する

動画広告に少し変更を加えるだけでも、視聴率とキャンペーン費用の大幅な改善につながります。

■動画を観察して改善点を見つける

解析ツールの数値を見ながら、動画広告のクリエイティブを見直してみると、改善点が明確に見えてくることがあります。つかみのインパクトや離脱ポイントなども自然と見えてくるので、数字とともに表現を観察する癖を付けていきましょう。

■尺は短く印象的に

一般的に、短い広告ほど効果が高くなる傾向があります。もし30秒で説明できる内容に1分かけているようであれば、さらに強い印象を残せるように動画広告を短くしてみましょう。

■言葉の変更や改善をする

思わず振り向いてしまうタイトルやエンディングでの言葉、メッセージの変更、行動を促すフレーズの追加や削除など、ちょっとした調整がユーザーの行動を変え、広告効果が上昇する場合があります。

■鮮度を考えた打ち出しを

同じ広告を何度も見せられると視聴者は飽きてしまいます。常に鮮度を保つように、2～3パターンの動画広告を用意して発信しましょう。同時に、どの動画広告のパフォーマンスが高いかを確認して改善に役立てます。

動画を観察して改善点を見つける	尺は短く印象的に	言葉の変更や改善をする	鮮度を考えた打ち出しを

図 8-2　動画広告のクリエティブを改善する4つのポイント

Section 02

YouTubeの動画広告を最適化するためのポイント

YouTubeの動画広告を最適化する際に気を付けるべきポイント

YouTubeの動画広告を最適化する際に気を付けるべきポイントは、次の3つです。

①最適化を始めるタイミング
②視聴率を重視した最適化
③広告視聴単価を重視した最適化

それぞれについて詳しく見ていきます。

① 最適化を始めるタイミング

動画広告の掲載を始めたばかりであれば、**少なくとも2週間待ってから最適化しましょう**。なぜなら、動画キャンペーンの最適化には、情報の分析、アカウント内の変更、クリエイティブの更新など、成果向上につながる情報が必要だからです。そのための十分なデータを集めるためには一定の期間が必要になるのです。

最適化対象は「視聴率」と「広告視聴単価」

Google広告でYouTubeの動画広告の効果を見るときには、特に**視聴率**と**広告視聴単価**について把握しておく必要があります。これらの指標は動

画広告キャンペーンの健全性を示すため、正しく理解することでキャンペーンを最適化できます。

- **視聴率**
  動画広告を視聴（30秒以上〜最後まで視聴）した人数をインプレッション数（動画広告の表示回数）で割った値です。

- **広告視聴単価（平均CPV）**
  広告の視聴1回につき発生する料金の平均です。

注：視聴回数は、動画広告が30秒以上または最後まで（いずれか短いほう）視聴された場合、または何らかのアクションがあった場合にのみカウントされます。

② 視聴率を重視した最適化

　視聴率は、動画広告の成果を知る大切な指標となります。YouTubeでの動画の視聴率を知るためには、Google広告のキャンペーンの視聴率をチェックします。そこに現状の設定での視聴率が出ているので、それを上げていく改善策を考えていきます。当然ながら、視聴率が高いほど関心が高い動画広告と判断され、入札でも有利になり、より多くの場所に配信されるようになります。

　その結果、少ない費用で視聴回数を増やすことができるようになります。最初はその視聴率が高いのか低いのかわからないと思います。けれども、2週間ほどその数字を確認し、改善できることから始めていきましょう。

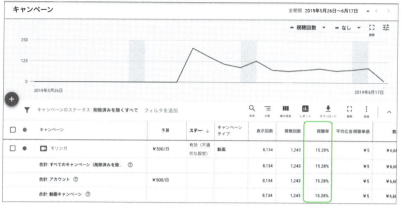

Google広告のキャンペーンの視聴率

動画広告を改善する

動画広告に少し変更を加えるだけでも、視聴率とキャンペーン費用の大幅な改善につながります。改善する際には、次の事柄に目を向けるようにしましょう。

- 視聴者維持率を見る

Google広告の「動画」を開き、キャンペーン名称をクリックすると「**視聴者維持率**」が表示されます。ここで視聴者が何に興味があり、どこで離脱するのかがグラフとともに理解できます。たとえば右の画像では、動画導入部の女性のトークでは高維持率だったが、内容を説明するテロップの登場で一気に視聴者が離脱したのがわかります。

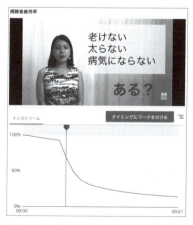

視聴者維持率

この動画が広告として配信された際の視聴状況やパフォーマンスから、テロップの修正、女性がしゃべり続ける映像を用意してみるなど、編集での改善の気付きを得ることができます。動画は数値とともにきちんと観察するようにしましょう。

　なお、これ以外の改善ポイントについては、255ページで解説した「動画広告のクリエイティブの改善点」と同様です。

ターゲティングの調整をする

　ターゲティングとは、マーケティング用語で将来的に顧客になってもらえる可能性の高い人、いわゆるペルソナに動画広告が表示されるようにすることです。YouTubeでは「オーディエンス」と呼び、さまざまな方法でターゲティングを設定して、動画広告を表示するユーザーを絞り込むことができます。次に挙げるのは、ターゲティングの調整項目です。

■キーワードを再設定する

　自分で設定したキーワードが、果たしてどれくらいの「表示回数」や「視聴回数」「視聴率」があるのかを見てみると、キーワード設定がどれだけ機能しているかがわかります。次ページの画面は健康食品についての表示ですが、キーワードで設定した「スーパーフード」や「人生100年時代」などは視聴回数がほぼないことがわかります。対して、「がん」というキーワードの表示回数は5,938と圧倒的に多いことがわかります。

　また全体を見わたしてみると、モノのワードよりも、「どんなコト」に効果があるかわかるようなキーワードに反応していることがわかります。ということは、反応する「キーワードに近い」言葉や「コト」を発想して設定するようにすれば良いことがわかります。データを見るときも撮影と同じく「寄り・引き」のそれぞれの視点で見つめてみましょう。

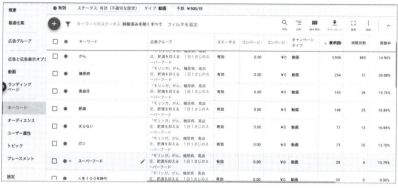

キーワード設定は常に数値から見直すようにする

■オーディエンスを再設定する

　オーディエンスは、ユーザーの消費傾向や趣味・趣向、既婚・未婚や食べものなどさまざまな属性を設定できます。ここでも反応のないオーディエンスを外し、新たに反応しそうな傾向の項目を設定してみましょう。これは改善していくことを前提に、反応を見ながら調整していきます。

■ユーザー属性もチェックして調整

　年齢、性別、子どもの有無、世帯収入などの傾向から観察して調整します。

■トピックから関連コンテンツを選択してみる

　さまざまなテーマに対してのユーザー設定や関連コンテンツに広告を掲載できるので、具体的なターゲットが決まっている場合に活用してみましょう。

■プレースメントでさらに拡散を狙う

　プレースメントとは、ディスプレイネットワークで広告を表示できる場所のことです。これには自動と手動設定があり、手動ならすぐにWebサイ

トやチャンネル内の番組などをターゲットに指定できます。Google広告では、「概要」をチェックするだけでも自社の動画広告の状況を把握できます。難しそうに見えて意外と簡単に自社の設定を観察できるので、まずは最初にのぞいてみてください。

なお、ディスプレイネットワークとは、広告を掲載できる200万以上のWebサイトや動画、アプリの総称です。ディスプレイネットワーク上のWebサイトでは、世界中のインターネットユーザーの90%以上に広告を表示できます。

③広告視聴単価を重視した最適化

Google広告で平均広告視聴単価を見てみると、現在の単価がわかります。これは、広告の1視聴につき支払う金額の平均です。金額は要因によって変動しますが、入札戦略の変更や、ターゲットの精度を高めたり、動画広告の内容を改善したりといった対応で低く抑えることができる可能性があります。広告視聴単価が低い設定になれば支払う金額が抑えられ、予算を最大限に活用できるようになります。

広告視聴単価を重視した最適化には、次の3点が挙げられます。

■入札単価を調整する

入札単価は、広告視聴単価と最も直接的に関係するいわば天井のような役割で、支払う広告視聴単価が上限入札単価を上回ることはありません。

入札単価の調整では、ユーザーが検索を行う場所、時間、方法に応じて、広告を表示する頻度を調整して入札単価を調整します。たとえば、上限クリック単価を100円に設定したキャンペーンがあり、モバイル端末での掲載結果が良好であるとします。

より多くのモバイル端末ユーザーに広告を表示するには、モバイル端末での検索時に掲載する広告の入札単価を20%引き上げ、最終的な入札単価を120円にします。これにより、さらに多くのユーザーに掲載が表示され

るようになります。このように状況を踏まえ、単価を良好な状態に調整することを心がけます。

■ターゲット範囲の拡大も考える

違う意味でのターゲティングとして、ターゲットを絞り込むと多くの場合、競合率が増加し、広告視聴単価が高くなります。これが高すぎる場合は、ターゲット範囲を広げ、より有利なオークションで配信することで、平均広告視聴単価を下げることも必要です。TrueViewインストリーム広告では、クリックするなど、ユーザーが自発的に視聴した場合のみに料金が発生し、それがフィルタ役となります。そのためターゲットを広げられ、新しい見込客を見つけられる可能性も高くなります。

■動画広告の改善

広告の質が高いと視聴率が上がり、広告視聴単価が下がりやすくなります。入札では、視聴したいと思われる広告ほど優遇されます。

全体を最適化する

広告はブランドの一部であると同時に、YouTubeチャンネルのランディングページ、自社サイトおよびその他のコンテンツなどを含めたキャンペーン全体の一部でもあるため、それだけで独立して存在することはできません。ユーザーに同一ブラン

画面上の透明な帯の文字列がCTA

ドとして認知してもらえるよう、**キャンペーン全体で自社のブランドイメージとビジュアルを統一しましょう。**

また、広告の途中や最後にわかりやすい**CTAオーバーレイを配置**し、購

入に至る最初のステップとして自社のWebサイトに誘導したり、あるいはYouTubeのチャンネルで関連するその他のコンテンツを提示したりするのもひとつの方法です。CTA（Call To Action）オーバーレイとはTrueView動画広告に重ねて表示されるインタラクティブな要素で、Webサイトへのクリック誘導に役立ちます。

スマホアプリでYouTube動画を管理できる

YouTube Studioを使うと、スマホでYouTube動画の管理ができます。このアプリは「クリエイターツール」の機能をアプリにしたもので、動画の公開設定、タイトルや説明などのテキストの変更、アナリティクス、収益状況の確認などがスマホで行えます。外出先でも簡単にYouTubeチャンネルを管理できます。最新の統計情報を確認でき、コメントの返信、動画のサムネイル画像やアカウントのプロフィール写真を作成、変更も可能です。最新情報をどこにいてもキャッチできるので、活用してみましょう。

YouTube Studioでスマホから
YouTube動画の管理をする

Section 03
Facebookの動画広告を最適化するためのポイント

広告マネージャでFacebook広告の結果を見る

　Facebookに広告を掲載すると、広告のパフォーマンスに関するインサイト（分析機能）を**広告マネージャ**で確認できるようになります。「広告を見た人の数」「広告をクリックした人の数」「広告への費用」のデータがあり、効果測定に必要な数値が見られます。

　トップ画面のアカウント概要では広告の「概要」をグラフで確認でき、「キャンペーン」「広告セット」「広告」の順に分析を知ることができます。リンクのクリック数が少なければアクションさせるセリフを追加したり、動画の平均再生時間が数秒ならば導入部分を強化したりするなどの改善策を考えます。経時的な変化から、動画、予算、ターゲットなど、調整が必要な部分を特定し、パフォーマンスを向上させましょう。

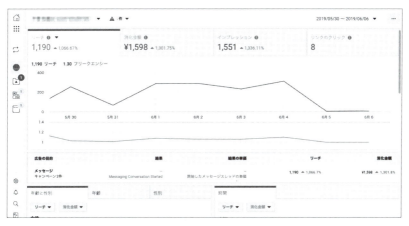

広告マネージャのアカウント概要

今すぐの効果よりも継続的な向上を目指す

　Facebookで新しい動画広告を出稿したときは、そのお店や会社の商品、Facebookページに関連度の高い人から優先的に配信していくので、高いパフォーマンスが得られます。しかし、次第にその効果は薄れていきます。そのため改善点をチェックしながらも、新しい動画広告を準備しておく必要があります。さらに、タイミングを見て投稿し、継続的なパフォーマンスの向上につなげていきます。そして、比較できるように広告は複数のタイプを出稿してさまざまなテストを行います。

　広告マネージャでは、A/Bテストを効率良く行える広告セットが用意されています。目的や予算を考えながら導入することもひとつの手です。まずは一過性の反応を求めるのではなく、継続的に反応しやすい人たちをファンとして獲得しながら、お店や会社の目的を達成していきましょう。

広告の内容表示

Facebook広告の新指標「広告関連度診断」

　広告は、関連度の高いもののほうが好まれます。また、広告と関連度の高い人への配信は、ビジネス的にも良い結果になりやすく、Facebookは関連度を考慮した広告配信をしています。関連度が高い広告ほどコストが抑えられ、より多くの成果を上げられるため、利用者と発信者の双方により良い関係性が生まれるのです。

そのため、Facebook広告のより実用的な新指標として、「**広告関連度診断**」が広告マネージャに導入されました。広告関連度診断では、配信した広告とリーチした人との関連度を診断できます。広告が目的を達成していない場合は、広告関連度診断を使用すれば、設定の調整によりパフォーマンスが改善するかどうかを理解することができます。

診断機能では、過去の任意の期間を選択し、その期間の入札における各広告のパフォーマンスを評価できます。診断項目は図8-3の3通りになります。

指標名	概　要
品質ランキング	ターゲット層が同じ広告と比較したときの広告の品質の評価
エンゲージメント率ランキング	• ターゲット層が同じ広告比較での予測エンゲージメント率 • エンゲージメントとは、全クリック、いいね、コメント、シェアのこと
コンバージョン率ランキング	• ターゲット層と最適化目的が同じ広告比較での予測コンバージョン率 • コンバージョンとは、購入に向けた広告のコールトゥアクションまたはクリックアクションのこと

図 8-3 広告関連度診断の診断項目

このように広告関連度診断は、各観点の診断結果をまとめて確認できるので、クリエイティブの品質、ターゲット設定、コンバージョンなどのパフォーマンスの向上につながりやすくなっています。

広告マネージャは直感的に操作しやすい施策になっているので、新しい指標も日々観察して使いこなし、今後の改善に役立てていきましょう。

Section **04**

Instagramの動画広告を最適化するためのポイント

Instagram広告の効果指標

　Instagram広告の効果指標は、Facebook広告同様、広告マネージャに表示されます。Facebookと同じレポートツールなので、広告の目的になる「キャンペーン」、予算や期間、ターゲットを見る「広告セット」、クリエイティブの「広告」という3階層で指標を確認できます。画面の操作などはFacebook広告と同じとなります。

　Instagram広告の広告効果で注目すべきことは2つあります。1つ目が広告セットにおけるターゲットの属性ごとの反応、2つ目が広告のクリエイティブごとの評価です。

ターゲット設定を見直す

　広告マネージャの表示で見ていくのは、「年齢」と「性別」ごとの反応の違いです。結果とリーチが高く、コストが低いほど広告効果が高い属性といえますが、そのようなターゲットの属性は何かを見つけます。

　Instagramは一般的に若い女性のおしゃれなメディアというイメージがありますが、実際の商品やサービスによっては異なるターゲットに反応する場合があります。その場合は、関連の薄い層を見つけ、ターゲット設定を見直します。

広告をチェックしてクリエイティブを改善する

続いて、「広告」で**リンクのリーチ、動画の再生数、動画の平均再生時間を確認**します。ここでの数値はクリエイティブへの評価につながっているので、投稿時よりも大きく減少している、もしくはなかなか伸びない場合は、クリエイティブを再投稿しましょう。そのためにも複数の動画広告を比較して改善版を投稿できるようにテストをしておきましょう。

ターゲットの絞り込みでクリエイティブを魅力的にする

ターゲットは、「**最初は広く、結果を見ながら絞り込むもの**」といわれています。たとえば、健康食品の動画広告を幅広い年代の女性に配信したとします。その結果、首都圏にいる女性が突出して反応が高ければ、そのまま単純に年齢だけでターゲットを絞るより、「東京・千葉・埼玉・神奈川の20代女性」とターゲットを設定したほうが結果は良いものになります。また、ゴルフ用品の動画広告が20代女性と40代男性で高評価ならば、それぞれに適した異なるクリエイティブを作り、広告セットを分けて配信すれば良い結果が出ます。

これらは効果測定の結果からターゲットを絞り込むことで、よりふさわしいクリエイティブを考えられるようになったということです。ぜひ、ターゲットを効果的に絞り込んで、広告のクリエイティブをテストしながら改善し、お店や会社をアピールする勝ちパターンを発見していきましょう。

なお、「広告関連度診断」を使えば、各観点の診断結果をまとめて確認できます。クリエイティブの品質、ターゲット設定、コンバージョンなどのパフォーマンスの推移を知るためにも、広告関連度診断も積極的に活用しましょう。

✎ Memo Instagramストーリーズ広告が インタラクティブ要素に対応

Instagram ストーリーズ広告ではインタラクティブ要素を加え、見る人を惹き込む新しい表現ができるようになりました。質問の募集や回答をストーリーズで行えるアンケートスタンプという機能です。これを活用して、触って楽しい広告でターゲット層とより良いつながりを築けるようになります。目にとまりやすく、また滞在時間を延ばすことにもなるので、インパクトの強化につながります。ちなみに Instagram Business チームの調査によると、アンケートスタンプを使用したキャンペーンの9割で動画の再生時間は3秒増加しています。

インタラクティブなストーリーズ広告の作り方は、広告マネージャで行います。広告の配置に Instagram ストーリーズのみを選択します。次に、クリエイティブのアップロードと広告テキストの編集を行う画面で「インタラクティブなアンケートを追加」ボックスをチェックすれば OK です。アンケートスタンプをオーディエンス参加型コンテンツ、コミュニティへの話題提起、製品開発のアイデア募集、広告のゲーム化、コンテストの実施などに活用してみましょう。

Section 05

Twitterの動画広告を最適化するためのポイント

広告マネージャーでTwitter広告の結果を見る

　Twitter広告を掲載すると、広告のパフォーマンスに関するインサイト（分析機能）を**広告マネージャー**で確認できるようになります。ここでは、キャンペーンや広告グループのレポートを確認するために広告マネージャーを利用するやり方と、チェックすべき項目を見ていくことにします。

　まずは、Twitterのユーザーアカウントにログインした状態で、「Twitter広告」にアクセスしてください。すると、利用金額の合計や結果レート、インプレッション（利用者に広告が表示された回数）といった各キャンペーンのデータを見ることができます。ここでは、実行中のキャンペーンをクリックしてみましょう。

Twitter広告の各キャンペーンのデータ画面

次画面ではキャンペーンに含まれる広告グループの一覧が表示されます。ここでも、各広告グループの総予算や入札額、インプレッションなどを確認できます。より詳しい情報を知りたいときには、各広告グループの名前をクリックします。

キャンペーンに含まれる広告グループ

　続いて、インプレッション／利用金額／結果／結果レート／結果当たりのコストなどの広告グループのデータを、グラフで確認します。その場合、画面左上の［インプレッション］をクリックし、見たい項目を選択します。
　データ内容は、画面下部に表示されたレポート項目と一致しています。この際、重視すべき指標は「**結果レート**」です。広告の目標によって基準は異なりますが、Webサイトへの誘導を行う場合、KPI（目標値）としてはCPC（1クリック当たりのコスト）で70円、クリック率では0.3〜0.4%が、おおむね効果が高いといわれる基準ラインとなるので、その上下を確認してコストの見直しや改善策を考えましょう。

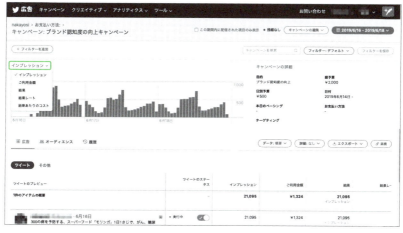

キャンペーンに含まれる広告

　続いて［オーディエンス］をクリックすると、キーワードやユーザー名、興味・関心などのオーディエンス単位でレポートを確認できます。たとえば、「キーワード」を選択すると、ターゲティング時に設定したキーワードごとに、インプレッション／ご利用金額／結果／結果レートを閲覧できます。その数値をキーワードごとに見比べてみると、反応の高いものや見直しが必要なものが確認できます。反応の低いものは削除して新たに反応の高いものの周辺からキーワードを探すなど対応してみましょう。

オーディエンス単位でレポートを確認する

複数の広告グループで適正化の精度を上げる

Twitter動画広告は、オーディエンスをしっかりと設定すると、一段とパフォーマンスが向上していくので、**オーディエンスのチェック**も適宜忘れずに行いましょう。また、判断材料をより多く持つために、複数の広告グループを展開してください。最初に作った広告グループを複製して比較対象を作ることが広告マネージャで簡単にできます。

ここでは、最初の広告グループとは異なる設定をします。たとえば、同じクリエイティブを用いて配信の日時をずらせば、曜日や時間帯によるインプレッションや結果レートの差を検証できるでしょう。また、最初に作成した広告で男性をターゲティングしたならば、オーディエンスの特性から「女性」を選択してみましょう。同じクリエイティブを利用して、ターゲティング設定が異なる広告グループを2つ用意すれば、A/Bテストで広告の優劣を測れます。コンバージョン率が高い広告グループに予算をあてれば、より効率的に広告を配信することができます。

みなさまへ

　本書をお読みいただきありがとうございました。

　この本を書こうと思ったのは、誰にでもCMはつくれるということを広めたいと思ったことと、そして個人的にもそれを確かめたいと思ったからでした。

　広告業界で働く一流のCMプランナーでさえ、Webの動画広告をつくるときに、なんだかしっくりこないなぁという人が多いのです。なぜなら、SNSのプラットフォームの性質やそこで表現すべきことを把握していないからです。そのため、TVCMをつくる力はあるにもかかわらず、動画広告の作成となると無駄な苦労を重ねているように思えてなりません。したがって、本書は、動画広告の初心者の方のために書いた本ではありますが、プロのプランナーの方にも、少しでもヒントになればと思い記したものでもあります。

　スマホで、一人で、楽しく、簡単に、自分の動画広告をつくれる時代。通信環境も5Gとなり、その流れはこれからさらに広がっていくでしょう。広告づくりは、価値づくり。この本が、動画広告の作成に悩む方たちの手助けになればさいわいです。

　最後に、この本を書くにあたり、モデルから撮影場所まで協力していただいたJUJUBODY代表の大山知春さんありがとうございました。そして、ADK関西支社の動画プロジェクトの村山さん、奈良さん、岡田さん、本田さん、照明で協力いただいた写真家で写真電気工業株式会社のZIGENさん、情報提供ではシネマドライブの泊誠也さん、出版への後押しをしてくれた松永淳子さん、そして遅筆の私に辛抱強くお付き合いいただき、的確な指導をしていただいた翔泳社の長谷川和俊さん、ありがとうございました。そして、多方面にて支えていただいたみなさま、心より感謝いたします。

2019年8月　中澤 良直

Index | 索引

【英数字】

3つのF	52
20%ルール	207
BGM	115, 129
——のフェードアウト	131
CTAオーバーレイ	263
Facebook広告マネージャアプリ	209
Facebook動画広告	
課金方法	206
クリエイティブ	42
最適化	265
出稿手順	208
種類	40
ターゲティング	39
特徴	41, 199
入稿規定	208
フォーマット	206
メリット	201
目的	200
ユーザー層	38
Googleの自動審査	193
iMovie	120
Instagramストーリーズ広告	270
Instagram動画広告	
課金方法	220
クリエイティブ	42
掲載場所	220
掲載方法	221
最適化	268
出稿手順	223
種類	40
ターゲティング	39
特徴	41
入稿規定	222
メリット	217
ユーザー層	38
KPI	252
LINE Ads Platform	246
LINE動画広告	

クリエイティブ	44
種類	40
ターゲティング	39
特徴	41
入稿規定	248
メリット	247
ユーザー層	39
Perfect Video	149
PIP	162
PowerDirector	147
QRコードの作成	36
Shop Now	218
TrueViewインストリーム広告	186
TrueViewディスカバリー広告	188
Twitter広告アカウントの開設	232
Twitter動画広告	
課金方法	234
クリエイティブ	43
最適化	271
出稿手順	235
種類	40
スマホからの出稿手順	242
ターゲティング	39
特徴	41
入稿規定	235
メリット	231
Video Show	148
YouTube Studio	264
YouTubeチャンネル	36
YouTube動画広告	
課金方法	186
クリエイティブ	42
最適化	257
出稿手順	189
種類	40
ターゲティング	39
特徴	41, 184
入稿規定	189
入札	186

フォーマット ……………………	186
メリット …………………………	185
ユーザー層 ………………………	38
YouTubeへのアップロード ……	142

【あ行】

アイアングル ……………………	91
アウトストリーム広告 …………	188
アクセス解析 ……………………	45
アップショット …………………	90
アニメーション …………………	160
アンケートスタンプ ……………	270
色や質感の変更 …………………	138
ウォーターマーク ………………	167
絵コンテ …………………………	73
エフェクト ………………………	160
オーディエンス …………………	274
オーバーラップ …………………	117
音楽……………………………………	84
音量の調整………………………	131

【か行】

解析ツール ………………………	254
カクテルパーティ効果 …………	61
カスタムサムネイル ……………	182
画像テキストチェック …………	208
カット ……………………………	108
──の削除………………………	125
──の追加………………………	112
──の並び位置の変更…………	126
──の並べ替え…………………	112
──の分割………………………	125
カメラアングル …………………	91
カリギュラ効果 …………………	63
ガンマイク ………………………	104
関連キーワード …………………	180
キーワード ………………………	66
キーワードプランナー…………	181
企画…………………………………	29
キネマスター ……………………	148
決めポーズ ………………………	81
キャンペーンの名前 ……………	193
切り取り …………………………	151
クリエイターアカデミー………	183

クリエイティブの改善 …………	255
グリッドの表示 …………………	94
クロマキー合成 …………………	166
結果レート ………………………	272
検討…………………………………	253
効果測定……………………………	252
広告関連度診断 …………………	266
広告視聴単価 ……………… 257,	262
広告の審査期間 …………………	145
広告マネージャ ……… 208, 265,	268
広告マネージャー ………………	271
構図…………………………………	93
合成のレイアウト ………………	164
行動促進……………………………	253
コピー ……………………………	58

【さ行】

最適化 ……………………………	252
サウンドロゴ ……………………	84
撮影・編集の心構え ……………	33
撮影カット ………………………	89
座布団………………………………	159
サムネイル画像 …………………	182
左右対称……………………………	94
三脚…………………………………	86
三分割ルール ……………………	93
シーン ……………………………	108
字コンテ …………………………	72
視聴者維持率 ……………………	259
視聴率 ……………………………	257
指標KPI …………………………	253
シャルパンティエ効果 …………	63
終了画面 …………………………	101
ショッピング機能 ………………	218
シンメトリー ……………………	94
ストーリーズ ……………………	220
ストレートトーク………… 67,	105
スノッブ効果 ……………………	62
説明…………………………………	179
センター …………………………	93

【た行】

ターゲット設定 …………………	48
ターゲティングの調整 …………	260

対角線構図 …………………… 94
タイトル …………… 101, 179
タイムラインの表示の拡大・縮小 128
タグ付け ……………… 179
縦横回転 ………………… 124
ツァイガルニク効果 ………… 63
つかみ …………………… 70
ディーンの法則 …………… 98
ディゾルブ ………………… 117
デザインテーマの変更 …… 139
手ブレ …………………… 86
テロップ ……… 82, 101, 114, 133
　——の色 ……………… 157
　——の拡大・縮小 ……… 157
　——のサイズ …………… 155
　——の入力 …………… 154
　——の配置 …………… 157
テロップスペース …………… 159
動画広告キャンペーン ……… 188
動画広告作りの流れ ……… 28
動画広告のクリエイティブ … 26
動画広告の掲載 …………… 35
動画広告の効果 …………… 18
動画広告の目的 …………… 53
動画広告の露出場所 ……… 177
動画広告を出す目的 ……… 176
動画作成キット …………… 214
動画の書き出し …………… 140
トランジション …… 117, 135, 167
取込み …………………… 121
トリミング …………… 110, 152

【な行】
内容の確認 ………………… 122
長さの調整 …………… 123, 151
ナレーション ……………… 116
認知 ……………………… 253
認知的不協和 ……………… 63
ネイティブ動画 …………… 199
ネーミング ………………… 65

【は行】
ハード・トゥ・ゲット・テクニック 62
ハイアングル ……………… 91

ハウツー動画 ……………… 69
バストショット …………… 89
ハロー効果 ………………… 62
バンドワゴン効果 ………… 61
バンパー広告 ……………… 187
ピクチャー in ピクチャー … 162
被写体の左右振り分け ……… 96
美術・小道具 ……………… 83
ピンマイク ………………… 104
ファネル …………………… 23
フェードアウト機能 ……… 137
フォールス・コンセンサス効果 … 62
フォントの選択 …………… 156
縁取り …………………… 159
プラットフォーム ………… 21
ブランディング …………… 78
フルショット ……………… 89
プレースメント …………… 261
フレーミング ……………… 76
プロモビデオ ……………… 232
分割 ……………………… 152
ペルソナ …………………… 48
編集 ……………………… 102
ボカシ …………………… 159

【ま行】
ミディアムショット ……… 89
ミニマイク ………………… 104
メインフィード …………… 220
目線 ……………………… 103
モザイク …………………… 164
文字の位置 ………………… 157

【や行】
有料メディアへの発信 …… 172
予算 ……………………… 175
予算タイプの設定 ………… 193

【ら行・わ行】
ライティング ……………… 99
ローアングル ……………… 92
ロゴマーク ………………… 82
ロングショット …………… 90
ワイプ …………………… 117

本書内容に関するお問い合わせについて

このたびは翔泳社の書籍をお買い上げいただき、誠にありがとうございます。弊社では、読者の皆様からのお問い合わせに適切に対応させていただくため、以下のガイドラインへのご協力をお願い致しております。下記項目をお読みいただき、手順に従ってお問い合わせください。

●ご質問される前に

弊社Webサイトの「正誤表」をご参照ください。これまでに判明した正誤や追加情報を掲載しています。

正誤表　https://www.shoeisha.co.jp/book/errata/

●ご質問方法

弊社Webサイトの「刊行物Q&A」をご利用ください。

刊行物Q&A　https://www.shoeisha.co.jp/book/qa/

インターネットをご利用でない場合は、FAXまたは郵便にて、下記"翔泳社 愛読者サービスセンター"までお問い合わせください。
電話でのご質問は、お受けしておりません。

●回答について

回答は、ご質問いただいた手段によってご返事申し上げます。ご質問の内容によっては、回答に数日ないしはそれ以上の期間を要する場合があります。

●ご質問に際してのご注意

本書の対象を越えるもの、記述個所を特定されないもの、また読者固有の環境に起因するご質問等にはお答えできませんので、予めご了承ください。

●郵便物送付先およびFAX番号

送付先住所　〒160-0006　東京都新宿区舟町5
FAX番号　　03-5362-3818
宛先　　　　（株）翔泳社 愛読者サービスセンター

※本書に記載されたURL等は予告なく変更される場合があります。
※本書の出版にあたっては正確な記述につとめましたが、著者や出版社などのいずれも、本書の内容に対してなんらかの保証をするものではなく、内容やサンプルに基づくいかなる運用結果に関してもいっさいの責任を負いません。
※本書に掲載されている実行結果を記した画面イメージなどは、特定の設定に基づいた環境にて再現される一例です。

※本書に記載されている会社名、製品名はそれぞれ各社の商標および登録商標です。
※本書の内容は2019年7月30日現在の情報などに基づいています。
※本書は下記のバージョンに基づいて執筆しています。
　・iOS12.3.1

著者紹介

中澤 良直（ナカザワ ヨシナオ）

クリエイティブ・ディレクター／コピーライター／ADKクリエイティブ・ワン　シニア・クリエイティブディレクター。ADK動画広告プロジェクト主催。ACC（日本シーエム放送連盟）審査委員、ACジャパン選考委員、サントリー佐治敬三賞選考委員を歴任。

日本を代表するグラフィックデザイン会社・日本デザインセンターにコピーライターとして入社。その後、日本第3位の広告代理店・アサツーディ・ケイにてクリエイティブ・ディレクター、関西クリエイティブ局長を務める。国内外広告賞受賞多数。クリエイター歴30年、担当クライアント200社以上。CM＆広告制作物数千点。コピー1本の力、CM1本の力を信じつつも、YouTubeやUSTREAMの創世記よりWeb動画制作・発信してきたことから、これからの広告の可能性を追求している。

装丁・本文デザイン	植竹 裕（UeDESIGN）
本文イラスト	大野 文彰
編集協力	武井 一巳
DTP	BUCH$^+$
モデル	大山 知春

デジタル時代の実践スキル
動画広告 作成＆活用

売上・ブランド価値を高めるビジュアル手法
（MarkeZine BOOKS）

2019年8月30日　初版第1刷発行

著者	中澤 良直（ナカザワ ヨシナオ）
発行人	佐々木 幹夫
発行所	株式会社 翔泳社（https://www.shoeisha.co.jp）
印刷・製本	株式会社 廣済堂

©2019 Yoshinao Nakazawa

本書は著作権法上の保護を受けています。本書の一部または全部について（ソフトウェアおよびプログラムを含む）、株式会社 翔泳社から文書による許諾を得ずに、いかなる方法においても無断で複写、複製することは禁じられています。

本書へのお問い合わせについては、279ページに記載の内容をお読みください。

造本には細心の注意を払っておりますが、万一、乱丁（ページの順序違い）や落丁（ページの抜け）がございましたら、お取り替えいたします。03-5362-3705までご連絡ください。

ISBN978-4-7981-5874-7　　　　　　　　　　　　　　　　Printed in Japan